U0147795

昌明文庫・悦讀人物

中華五千年
文學家評傳

姜春穎　主編

前　言
Preface

　　為了「弘揚中華當代主旋律，掀起少年國學熱旋風」，把中小學生讀物做得更全面，更適合他們積纍知識、提高閱讀能力，我們傾力打造了「中華歷史名人略傳」叢書。這是我們以中華五千年國學精髓為基點，由資深教育理論專家共同參與策劃，推出的當代青少年智慧閱讀經典叢書之一。

　　我們中華民族自古就是禮儀之邦，青少年兒童是我們偉大文明的繼承者。青少年教育要從我做起、從現在做起，引領他們去了解、學習、發揚中華民族的文化精髓，樹立他們「遵紀守法、公平正義、誠信友愛」的思想意識，時刻宣導他們弘揚當代主旋律。特別是在新時期，構建和諧社會，樹立少年兒童的社會主義榮辱觀顯得尤其重要。

　　傳承中華國粹，弘揚傳統文化。傳統文化的復興必須從孩子們身上著手，培養他們「天下興亡，匹夫有責」的愛國情操；「己所不欲，勿施於人」的待人之道；吃苦耐勞、勤儉持家、尊師重教的傳統美德，中華文明才能世代相傳。

　　中華上下五千年的歷史，其實就是一幕幕人間的活話劇，這些名人不但用自身的人格魅力影響著歷史的進程，而且還無時無刻不將我們的華夏文明傳播四方。由此可見，如何挖掘和發揚傳統文化，古為今用，成為當代教育所面臨的重要課題。

　　「中華歷史名人略傳」叢書將中華上下五千年的中國歷史名人，選擇經典代表性的人物進行了分門別類，共分為五大名家，其中包括政治家、思想家、軍事家、文學家、科學家。同時，書中將他們的思想、行為、所取得的成就及歷史評價進行了深入的剖析和解讀。

　　「中華歷史名人略傳」叢書，故事通俗易懂，會使讀者耳目一新，受益匪淺，一定會成為當代青少年最喜愛的教育讀本。精彩的專家品析，也一定能成為當代關心孩子教育的家長們的良師益友。

　　中華民族歷史悠久，典籍浩如煙海，文學人物風姿萬千。縱觀中華五千年光輝燦爛的文學歷史，唐詩、宋詞、元曲、明清小說，都是中華民族的瑰寶。而創造這些瑰寶的文學家，不斷把中國文學不斷推向巔峰。

　　本書對中國古代及近代文學家進行了客觀介紹，並對他們的文學造詣和代表作品及對歷史進程的影響做了精彩的評點。《中華五千年文學家評傳》一定會成為青少年讀者一本理想的文學讀物。

　　由於編著者水準有限，時間倉促，書中缺點和錯誤在所難免，希望專家和文學愛好者提出寶貴意見和建議，待我們今後編著過程中更加完善。

編　者
2012 年 3 月

目 次
Contents

目　次
Contents

目　次
Contents

目　次
Contents

目　次
Contents

01 愛國詩人，矢志不移

—— 屈原・戰國

生平簡介

姓　　名　屈平。

別　　名　屈原。

出 生 地　楚國丹陽（今湖北秭歸）。

生 卒 年　約公元前三四〇至約前二七八年。

身　　份　官員、愛國詩人。

主要成就　促成楚齊聯盟、創立「楚辭」文體。

名家推介

屈平（約公元前 339-約前 278），字原，後世稱呼他為屈原。戰國末期楚國丹陽（今湖北秭歸）人，是我國最偉大的浪漫主義詩人之一。

屈原出身於楚國貴族，一生報效楚國，忠誠於心於楚懷王，但卻屢遭排擠，楚懷王死後又因襄王聽信讒言而被流放，最終自投汨羅江而死。他一生憂國憂民，以百姓的安危為己任。

他創立了「楚辭」文體，並開創了「香草美人」的傳統。代表作

品有〈離騷〉、〈九歌〉等。

▋名家故事

　　戰國七雄，包括齊、楚、燕、韓、趙、魏、秦，他們爭城奪地，互相殺伐，連年混戰不斷。當時，楚國的大詩人屈原正當青年，就任楚懷王的左司徒。他看到百姓飽受戰爭禍患，流離失所，深感痛心。屈原立志報國為民，勸楚懷王任用賢能，愛護百姓，很快得到了楚懷王的信任。他為了實現振興楚國的大業，對內積極輔佐懷王變法圖強，對外堅決主張聯齊抗秦，使楚國一度出現了國富兵強、威震諸侯的局面。

　　在戰國時期，西部的秦國最強大，為了成就霸業，秦經常攻擊六國。因此，屈原親自到各國去聯絡，聯合抗擊秦國。楚懷王十一年，屈原的外交初見成效。楚、齊、燕、趙、韓、魏六國君王齊集楚國的都城結成聯盟，楚懷王成了聯盟的領袖。諸侯聯盟的力量限制了強秦的擴張，屈原更加得到了懷王的重用，很多內政、外交大事都由屈原做主。

　　然而，楚國以公子子蘭為首的貴族群體，對屈原非常嫉妒和忌恨，常在楚懷王面前造謠中傷他。強大的秦國時刻關注這一情況，秦王認為拆散六國聯盟的時機已經到來，連忙把相國張儀召進宮來商量。張儀認為六國中間，齊、楚兩國力量最強，只要離間這兩國，聯盟也就土崩瓦解了。於是，他願意趁楚國內部不和的機會，親自去拆散六國聯盟。

　　秦王準備了大量金銀財寶交給張儀，張儀到了楚國都城，先去拜

訪屈原，闡明了秦國的強大和秦楚聯合的好處，屈原義正詞嚴地說：
「楚國不能改變六國聯盟的主張。」

張儀在屈原那裏吃了個閉門羹，於是轉而拜訪子蘭並對他說：
「有了六國聯盟，懷王才信任屈原，拆散了聯盟，屈原就沒有什麼可
怕了。」本來對屈原嫉妒的子蘭聽了這些話，十分高興。於是，在子
蘭的撮合下，楚國的貴族紛紛倒向張儀一邊。子蘭又引他拜見了懷王
最寵愛的王后鄭袖，張儀把一對價值萬金的白璧獻給了鄭袖，鄭袖欣
然表示願意幫助他們促成秦楚聯盟。於是他們達成了一致的意見：
「要秦楚聯合，先要拆散六國聯盟；要拆散聯盟，先要懷王不信任屈
原。」

子蘭想了一條計策：向懷王誹謗說屈原向張儀索取賄賂，而張儀
並沒有給他好處，於是屈原懷恨在心，並由鄭袖在懷王面前透出這個
風聲，懷王聽了半信半疑。

第二天，懷王擺下酒席招待張儀，席間討論秦楚友好，屈原堅決
反對，和子蘭等大臣進行了激烈爭論。屈原認為：「放棄了六國聯
盟，就給秦國以可乘之機，這是楚國生死存亡的關鍵問題。」說到激
動處，他走到懷王面前大聲說：「大王，不能相信呀！張儀是秦國派
來拆散聯盟、孤立楚國的，萬萬相信不得……」懷王想起鄭袖所說，
果然看到屈原竭力反對秦楚和好，就叫武士把他拉出宮門。

屈原回到家裏悶悶不樂，想到親手結成的聯盟一旦破壞楚國就不
保了，不禁頓足長歎。後來，他幾次要求楚懷王見他，但是懷王不再
見他，他越來越憂愁，常常整夜不眠。他寫了一篇名叫〈離騷〉的長
詩，把對楚國的擔憂和自己的怨憤都寫了進去，以此來抒發自己的情
感。

這篇詩傳到楚懷王那裏，子蘭等人又得到了攻擊的材料，說屈原

把懷王比作商紂王，懷王一怒，撤掉了屈原的官職。後來，楚王又下了一道命令：「把屈原貶為三閭大夫，在外為官，永遠不要進楚國的宮殿。」

屈原走了，楚國滿朝文武都投入鄭袖、子蘭一黨，聯盟不久就散了。從楚懷王二十七年起，秦國連連對楚國發動戰爭，楚國國勢一天不如一天，失掉了對抗秦國的力量。子蘭等人趕走了屈原後，醉生夢死過日子。過了三年，楚懷王被秦國欺騙，接受會盟，死在逃亡的路上。

齊襄王繼位後，屈原在流放的陵陽日夜不寧，牽掛著楚國的安危，接二連三地又聽到楚國的局面越來越壞，滿腹的憂愁憤恨促使他寫成了詩篇〈天問〉。他越來越老了，但對復興楚國的希望卻一天也沒有熄滅過。多少次，他徘徊在汨羅江邊。他懷念郢都，懷念百姓，憎恨敵人，憎恨奸邪，決心用自己的生命去警告賣國的小人，激發楚國百姓的愛國之心。於是，他解下衣服，用衣服包起江邊的石頭，用帶子緊緊綁在自己身上，奮力向江心一跳。愛國詩人屈原帶了楚國的一塊乾乾淨淨的石塊，很快沉了下去，這天是農曆五月初五。

屈原於農曆五月初五投江自盡，中國民間五月初五端午節包粽子、賽龍舟的習俗就源於人們對屈原的紀念。屈原是世界和平理事會於一九五三年選出的「世界四大文化名人」之一，影響著全世界，並受到世界人民的尊重和愛戴。

▌專家品析 ————

屈原是中國文學史上第一位偉大的愛國詩人，是浪漫主義詩人的

傑出代表，作為一位傑出的政治家和愛國志士，屈原愛祖國、愛百姓，堅持真理，寧死不屈的精神和他的優秀人格，千百年來感召著無數華夏兒女。

屈原的詩歌創作，開創的新詩體——楚辭，突破了《詩經》的表現形式，極大地豐富了詩歌的表現力，為我國古代的詩歌創作開闢了一片新天地。後人因此將《楚辭》與《詩經》並稱為「風騷」，是中國詩歌史上現實主義和浪漫主義兩大風格的源頭。

▌代表作品

《離騷》是屈原的代表作，是中國古代詩歌史上最長的一首浪漫主義的政治抒情詩。詩人從自敘身世、品德、理想寫起，抒發了自己遭讒被害的苦悶與矛盾，斥責了楚王昏庸、小人猖獗與朝政腐朽，表現了詩人堅持「美政」理想，抨擊當時社會的黑暗現實，表達了詩人不與邪惡勢力同流合污的鬥爭精神和至死不渝的愛國熱情。

02 淮南鴻烈，駕鶴飛升

—— 劉安 · 西漢

生平簡介

姓　　名	劉安。	
出 生 地	不詳。	
生 卒 年	公元前一七九至前一二二年。	
身　　份	西漢皇族，淮南王，西漢知名的思想家、文學家。	
主要成就	主持編著了「第一流」的劃時代巨著《淮南子》。	

名家推介

　　劉安（公元前 179-前 122），漢高祖劉邦之孫，淮南厲王劉長之子。他是西漢知名的思想家、文學家，奉漢武帝之命所著《離騷體》（又稱為《離騷傳》），是中國最早對屈原及其《離騷》作高度評價的著作。

　　他所編寫的《淮南子》一書傳於後世。劉安是豆腐的創始人。後來企圖起兵反叛漢王朝失敗，被逼迫自殺。

▌名家故事 ────

　　公元前一七六年，劉安承襲了父親的爵位，出任淮南王。劉安不同於自己驕橫無比的父親，他喜歡交友，他招募的賓客和術士最多時竟達到了幾千人。這些賓客在淮南王府不僅從事講學、煉丹之事，而且還經常與他進行為政、治學以及做人的討論。劉安也不同於一般的皇室子弟，他從小就不太喜歡騎馬、打獵，而是愛好讀書、學藝、彈琴，尤其熱衷於道家黃老之術。由於他天資聰明，加上勤奮好學，劉安成了當時頗有名氣的學者，在各諸侯王中也享有很高的聲譽。漢武帝對他這位才華出眾的皇叔很是欣賞，曾專門召他來長安撰寫《離騷傳》。據說漢武帝清晨下達了詔令，劉安中午就把《離騷傳》給寫好了，漢武帝看過後連聲稱讚。

　　然而，儘管漢武帝非常欣賞劉安的才情，但他強力推行的「罷黜百家、獨尊儒術」的統治思想，和劉安推崇的「無為而治」的道家學說南轅北轍，而父親劉長之死更成了劉安心中的一個「死結」。因此，劉安在廣招門客進行探討的同時，也在不斷地積蓄力量，為有朝一日的謀反做著準備。

　　在劉安招募的數千門客中，有八個人最具才華，他們分別是蘇非、李尚、左吳、陳由、伍被、毛周、雷被和晉昌，這八個人號稱是淮南王府上的「八公」。其中雷被是一位劍藝精湛的劍客，他在與淮南王太子劉遷的一次比試中，失手擊中了劉遷，從此惹怒太子，後來更是被逼得在淮南國裏待不下去了。雷被於是向劉安請求，跟隨大將軍衛青去打匈奴。沒想到劉安聽後，反倒認為雷被起了叛心，並將他免了職。心懷怨恨的雷被索性逃出淮南王府，跑到長安城狀告起劉安來。根據漢律，凡阻撓執行天子詔令者，應被判棄市死罪。此時正忙

著「削藩」的漢武帝，早已對劉安的所作所為有所耳聞，因此雷被這一狀正好告對了時候，漢武帝順水推舟，剝奪了劉安的封地。

「八公」中的另外一位門客伍被，在得知劉安準備謀反時，曾經多次進行勸阻，但劉安不僅不聽，還總是拿出秦末陳勝、吳廣起義成功的例子來反唇相譏，伍被見自己的諫言得不到採納，也決定反戈一擊，將劉安謀反一事密報給了朝廷。

俗話說「福無雙至，禍不單行」，就在劉安面臨生死存亡的關鍵時刻，他的孫子劉建又跳了出來，朝自己爺爺的心窩上狠狠地捅了一刀。劉建的父親劉不害因為是庶出，很少得到劉安的寵愛，長期心存怨言。此時，他那個沒長腦袋的兒子劉建，竟然也跑到了長安城告起狀來。劉建的目的原本是想陷害太子劉遷，讓自己的父親當上淮南王的繼承人。只是他沒有想到，這一狀恰恰將自己的爺爺送上了黃泉路。

如此一來，雷被告狀在前，伍被、劉建告發在後，漢武帝於是派有名的酷吏張湯前來辦案，結果認定劉安謀反屬實。公元前一二二年，漢武帝以劉安「陰謀聚眾，叛逆滋事」等罪名，派兵進入淮南，從劉安家中搜出了準備用於謀反的攻戰器械，和用來行詐而偽造的玉璽金印，自知罪無可赦的劉安被迫自殺，而與他串通一氣的衡山王劉賜聞訊後，也自殺而亡。

劉安死後，朝廷嚴厲追究此事，受牽連被殺者多達數千人。此後，漢武帝下詔廢除了淮南國，將淮南改為九江郡，收歸朝廷，淮南王宗族至此覆亡。

淮南王劉安帶著滿腹的怨恨和遺憾，匆匆走上了不歸之路，但這位博學之士卻為後人留下了一份寶貴的精神財富，漢人著述中第一流的劃時代巨著《淮南子》留給了後人。

《淮南子》又被稱為《淮南鴻烈》或《鴻烈》，是劉安在做淮南王時，招募賓客數千人撰寫而成的。此書雖為多人合作完成，但善為文辭的劉安，則被公認為是名副其實的主要著述者，《淮南子》中有他親自撰寫的文章，這本書也大體上反映出了他本人的思想。

《淮南子》吸取了《老子》、《莊子》，成為集黃老學說集大成的理論著作，它不僅對「道」、「天人」、「形神」等問題提出了獨特見解，同時又在繼承春秋時的「氣」說與戰國中期稷下黃老之學的精氣「說」的基礎上，提出了「元氣論」的概念和系統的宇宙生成論。傳說中劉安想服仙丹成仙，煉製丹藥煉出了豆腐，於是這味美滋補的豆腐就盛行於世了。

▌專家品析

劉安是「無為而治」治國思想的極大推崇者，他先後對道家精髓加以改進，並不循先法，不守舊章，秉承自然規律制定了一系列輕刑薄賦、鼓勵生產的政策，使淮南國出現了國泰民安的景象。

儘管劉安的治國政策得到百姓的擁護，可是在那獨尊儒術的時代，他所奉行的道家思想卻屢屢受挫，實在可惜。

▌代表作品

《淮南子》原為鴻篇巨製，共有「內書」二十一篇、「外書」三十三篇和「中書」八卷，全書以道家思想為主軸，內容包羅萬象，涉及政治學、哲學、倫理學、史學、文學、經濟學、物理、化學、天

文、地理、農業水利、醫學養生等多個領域，是漢代道家學說最重要的一部代表作。不過令人遺憾的是，流傳至今的《淮南子》僅僅只剩下「內書」二十一篇。

03 史家絕唱，無韻離騷

—— 司馬遷・西漢

生平簡介

姓　　名	司馬遷。	
別　　名	司馬子長、太史公。	
出 生 地	夏陽（今陝西韓城或說山西河津）。	
生 卒 年	公元前一四五或前一三五至前八十七年。	
身　　份	史官。	
主要成就	編著《史記》、開創紀傳體史學。	

名家推介

　　司馬遷（公元前 145 或前 135-前 87 年），字子長，西漢夏陽（今陝西韓城）人。中國古代偉大的史學家、思想家、文學家，被後人尊稱為「史聖」。

　　他最大的貢獻是創作了中國第一部紀傳體通史《史記》，是中國歷史上第一部紀傳體通史，它記載了上自中國上古傳說中的黃帝時代，下至漢武帝太初四年，共三千多年的歷史，對後世的影響極為巨

大。《史記》被魯迅譽為「史家之絕唱，無韻之《離騷》」，史學「雙璧」之一，前「四史」之首。

▌名家故事 ─────

　　元封元年，春末夏初的三四月間，正是鮮花似錦的爛漫時節，大漢封禪大典就要在泰山之顛舉行。司馬遷父親司馬談作為參與制定禮儀的主角之一，可惜他因病留滯周南（即今洛陽市）未能參與，這時司馬遷正好從西征前線趕回來參加這稀世罕有的大典，回到洛陽見到了生命垂危的父親。

　　司馬談在彌留之際，見到了已經成才的兒子司馬遷的歸來，彷彿看到了希望，充滿了堅定的信念。他激動不已，拉著司馬遷的手，傷心地流著眼淚，囑託後事。司馬談說：「我一生為官做太史令，最大的願望是完成和修著史學，完成一部曠世的巨著。我已老了，我的願望將難以實現了。難道我家世傳史官的司馬氏之業，就要斷送在我的手裏嗎？」司馬談發出了悲愴的歎息，拉著司馬遷的手嗚咽著，只有把希望寄託在兒子身上，諄諄教導司馬遷要發揚祖德，克盡孝道，繼承自己開創的事業，肩負修史之任。司馬遷奉使西征，很得漢武帝恩寵，又趕上封禪大典，很可能被委以重任，如果這樣，那世傳的史官之業真的就要斷絕了。所以司馬談臨終遺言，要求司馬遷斷仕途之想，一定要繼任冷清的太史令。

　　司馬談需要兒子做出堅定的回答，因此他反覆做兒子的思想工作，首先司馬談以孝道之義教育司馬遷；再次司馬談高度評價了修史的重要意義，不亞於歷朝歷代偉大歷史人物的創業。從立身的事業上

說，他把修《太史公書》與孔子修《春秋》相比，盡孝、盡忠、立身，這三者的完美統一，是鑄造偉大人物品格不可或缺的。司馬遷俯首流涕，恭敬地聽著父親臨終的教晦，已在心中下定決心，一定要完成《太史公書》。父子兩人的手握得更緊了，兩顆聖潔純一的心鎔鑄在一起。

司馬談最後說：「一定要尊重史職、史德，並要牢牢記在心中。」司馬遷低著頭，流淚嗚咽，誠懇地向父親立下誓言。司馬遷說：「兒子雖然不是很聰明，但我一定能夠做到把前輩的業績完整記錄整理，不敢有絲毫的疏漏。」聽完司馬遷的這句話，老人家才安然地閉上眼睛。

司馬談這位執著的歷史學家，雖未能親手完成修史計劃而撒手人間，但他慨歎命運而絕不屈服於命運的修史精神始終感染著司馬遷。司馬遷立誓，接過了這付千斤重擔。可以說，司馬談臨終的一幕，給予司馬遷的刺激是太深刻了，所以他的《史記》的記述是那樣的激情滿懷。

正當他專心致志寫作《史記》的時候，一場飛來橫禍突然降臨到他的頭上。原來，司馬遷因為替一位將軍辯護，得罪了漢武帝，入獄受了酷刑。司馬遷悲憤交加，幾次想血濺牆頭了此殘生。但想到《史記》還沒有完成，想起父親臨終的重託，便打消了這個念頭。他想：「人總是要死的，有的重於泰山，有的輕於鴻毛。我如果就這樣死了，不是比鴻毛還輕嗎？我一定要活下去！我一定要寫完這部史書！」

就這樣，司馬遷發憤寫作，用了整整十八年時間，在他六十歲時，終於完成了一部五十二萬字的輝煌巨著《史記》。這部前無古人的著作，幾乎耗盡了他畢生的心血，是他用生命寫成的。

司馬遷想為封建統治者提供歷史的借鑒作用，反映的是真實的歷史，這是非常可貴的。本著實錄的精神，司馬遷在選取人物時，並不是根據其官職或社會地位，而是以其實際行為表現為標準。比如，他寫了許多諸如游俠、商人、醫生、倡優等下層人物的傳記。在司馬遷心目中，這些人都有可取之處。司馬遷首創了以人載事，始終敘述一個人生平事蹟的寫法。著重寫其「為人」，並注意其「為人」的複雜性，是司馬遷的筆法。他在作傳時，把自己的看法寓於客觀的事實敘述之中，來表示自己對人物的愛憎態度。這便是司馬遷作傳的最大特點，即真實性和傾向性的統一。

▎專家品析

司馬遷以他堅強的意志成就了《史記》，它是中國歷史上第一部紀傳體通史，全書一百三十篇，五十二萬餘字，包括十二本紀、十表、八書、三十世家和七十列傳，對後世的影響極為巨大，被魯迅先生譽為「史家之絕唱，無韻之離騷」，列為前「四史」之首，與《資治通鑑》並稱為史學「雙璧」。

司馬遷的《史記》一書，留給後人許多啟示，這些啟示大多同具體的歷史事件、歷史人物結合在一起，這是《史記》之所以受到後人傳誦、崇敬的主要原因。同時，《史記》中揭示了人們為什麼要重視歷史、認識歷史、記住歷史上的經驗教訓，歷史演進的法則何在，在歷史演進中人應當有什麼作為等問題。

▌代表作品 ─────

　　司馬遷完成了中國第一部紀傳體通史──《史記》。《史記》對後世史學和文學的發展都產生了深遠影響。魯迅稱《史記》為「史家之絕唱，無韻之離騷」。

04 敘事簡約，理論暢達
—— 劉向・西漢

生平簡介

姓　　名	劉向。
別　　名	更生。
出 生 地	江蘇徐州（祖籍沛郡豐縣）。
生 卒 年	約公元前七十七至前六年。
身　　份	經學家、目錄學家、文學家。
主要成就	開創中國目錄體史學研究。

名家推介

　　劉向（約公元前 77-前 6），原名更生，字子政，沛縣（今屬江蘇）人。西漢經學家、目錄學家、文學家。

　　劉向所撰《別錄》，為我國最早的圖書類目錄。劉向是《戰國策》的校訂和編著者，《戰國策》是一部國別體史書，主要記述了戰國時期的縱橫家的政治主張和策略，展示了戰國時代的歷史特點和社會風貌，成為後世研究戰國歷史的重要典籍。

▌名家故事 ——————

　　劉向是漢皇族楚元王劉交的四世孫，歷經宣帝、元帝、成帝三朝，歷任散騎諫大夫、散騎宗正、光祿大夫等職。他一生為官清正，曾屢次彈劾宦官外戚專權。成帝時受詔命校書近二十年，未完成的工作由兒子劉歆續成。後官至中壘校尉，故又世稱劉中壘。

　　劉向曾任校秘書，《說苑》就是他校書時根據皇家藏書和民間圖籍，分類編輯的先秦至西漢的一些歷史故事和傳說，並夾有他的議論，借題發揮儒家的政治思想和道德觀念，帶有一定的哲理性。原書二十卷，後世僅留存五卷，大部分已經散佚，二十卷的標目依次為：君道、臣術、建本、立節、貴德、復恩、政理、尊賢、正諫、敬慎、善說、奉使、權謀、至公、指武、談叢、雜言、辨物、修文、反質。分類纂輯先秦至漢代史事傳說，雜以議論，藉以闡明儒家的政治思想和倫理觀念。由於書中取材廣泛，採獲了大量的歷史資料，所以，給人們探討歷史提供了許多便利之處。書中記載的史事，有的可與現存典籍互相印證；有的記事與《史記》、《左傳》、《國語》、《戰國策》、《荀子》、《韓非子》、《管子》、《晏子春秋》、《呂氏春秋》、《淮南子》等書可以對照，對後世考察歷史足跡很有實際意義。

　　《說苑》又是一部富有文學意味的重要文獻，內容多哲理深刻的格言警句，敘事意蘊諷喻，故事性頗強，又以對話體為主，《說苑》除卷十六〈談叢〉外，各卷的多數篇目都是獨立成篇的小故事，有故事情節，有人物對話，文字簡潔生動，清新雋永，有較高的文學欣賞價值，對魏晉乃至明清的筆記小說也有一定的影響。

　　西漢末年，劉向校錄群書時在皇家藏書中發現了六種記錄縱橫家的寫本，但是內容混亂，文字殘缺。於是劉向按照國別編訂了《戰國

策》。劉向是戰國策的校訂者和編訂者，《戰國策》主要記述了戰國時的縱橫家的政治主張和策略，展示了戰國時代的歷史特點和社會風貌，是研究戰國歷史的重要典籍。《戰國策》所記人物是複雜的，有縱橫家，如蘇秦；有義士，如魯仲連、唐雎、顏；有不怕死的勇士，如荊軻、聶政。這些人物形象逼真，刻畫得栩栩如生。《戰國策》的文章長於說事，無論個人陳述或雙方辯論，都喜歡渲染誇大，充分發揮，暢所欲言，具有很強的說服力，此外，描寫人物形象極為生動，而且善於運用巧妙生動的比喻，通過有趣的寓言故事，增強文章的感染力。

一九七三年，在長沙馬王堆三號漢墓出土了一批帛書，其中一部類似於現代版本的《戰國策》，整理後定名為《戰國縱橫家書》，該書共二十七篇，其中十一篇內容和文字與今本《戰國策》和《史記》大體相同。

《戰國策》的文學價值歷來為研究者所稱讚，但是對它的思想卻是眾說紛紜。這是由於該書與後世的儒家思想不符，過於追逐名利。而且過於誇大縱橫家的歷史作用，降低了史學價值。

▍專家品析

劉向編撰的《戰國策》一書反映了戰國時代的社會風貌，當時士人的精神風貌，不僅是一部歷史著作，也是一部非常好的歷史散文。它作為一部反映戰國歷史的歷史資料，比較客觀地記錄了當時的一些重大歷史事件，是戰國歷史的生動寫照。它詳細地記錄了當時縱橫家的言論和事蹟，展示了這些人的精神風貌和思想才幹，另外也記錄了

一些義勇志士的人生風采。

《戰國策》的文學成就也非常突出，在中國文學史上，它標誌著中國古代散文發展的一個新時期，文學性非常突出，尤其在人物形象的刻畫，語言文字的運用，寓言故事等方面具有非常鮮明的藝術特色。

▌代表作品 ─────────

劉向按照國別編訂了《戰國策》，它是一部先秦歷史文獻，因長於說事而著名，是一部國別體史書，編輯東西周及秦、齊、楚、趙、魏、韓、燕、宋、衛、中山各國大事，共三十三卷，約十二萬字。上接春秋，下至秦及其六國，記事約二百四十年。主要記述了戰國時的縱橫家的政治主張和策略，展示了戰國時代的歷史特點和社會風貌，是研究戰國歷史的重要典籍。

05 潛心廿載，修撰漢書
—— 班固·東漢

生平簡介

姓　　　名	班固。
字	孟堅。
出 生 地	扶風安陵人。
生 卒 年	公元三十二至九十二年。
身　　　份	史學家、文學家。
主要成就	在沿革地理學的開創和地理資料的保存方面做出極大貢獻。

名家推介

　　班固（公元 32-92），東漢官吏、史學家、文學家。史學家班彪之子，字孟堅，漢族，扶風安陵（今陝西咸陽東北）人。

　　班固是東漢前期最著名的辭賦家，著有《兩都賦》、《答賓戲》、《幽通賦》等，潛心二十餘年，修成《漢書》一百二十卷。

▌名家故事

　　班固生活的時代是漢朝已建立了二百多年之際，東漢王朝空前統一和強盛，經濟發達，版圖遼闊，陸海交通發達，為此，班固對正史《漢書·地理志》的開創之功不可忽視。

　　班固《漢書·地理志》的內容共分三部分：卷首從黃帝到戰國、秦、漢時期，並依照漢代語言作了文字上的修改；卷尾至卷終收錄了《戰國策》和劉向《域分》和朱贛《風俗》部分；正文以西漢行政區為主，以郡為綱，以縣為目，詳盡記述西漢地理概況。這部分是以漢平帝元始二年的全國疆域、行政區劃為基礎，敘述了一百零三個郡國及所轄一千五百七十八個縣的建制改革、戶口統計、山川湖泊、水利設施、古蹟名勝、關隘險要、物產、工礦、耕地等內容，篇幅佔了《漢書·地理志》的三分之二。正文以疆域政區為框架，將西漢各種自然地理和人文地理現象分別排列於相關的政區之下，從行政區角度來了解各種地理現象的分佈及其相互關係的編寫體例，可以稱之為行政區地理志。這種體例創自班固，表現了他以人文地理為中心的新地理觀。

　　班固對以前的地理著作，如《山海經》、《職方》等，一般都以山川為主體，將地理現象分列於作者所擬定的地理區域中，而不注重疆域政區的現實情況。《禹貢》雖然有了地域觀念，以山川的自然界線來劃分九州，分州敘述各地的地理。但「九州」僅是個理想的制度，並沒有實現過。所以《禹貢》還不是以疆域、行政區為主體為綱領的地理著作。班固之所以形成以人文地理為中心的新的地理觀，除了他本人的原因之外，還因為他生活在東漢這個具體的歷史時代。

　　我國行政區劃起始於春秋戰國之際，但尚未有統一四海的封建國

家出現。隨後的秦代雖然一統天下，但歷時很短。自漢朝建立到班固生活的東漢，已經有了二百多年長期穩定的歷史，在疆域廣袤的封建大帝國內，建置並完善了一級和二級行政區劃。長期實施的社會制度，促成了新地理觀念的產生，班固的這種新地理觀隨著大一統觀念的加強，隨著重人文、輕自然、強調天人合一的中國傳統文化精神的鞏固而一起被長期繼承下去。後世各正史地理志都以《漢書・地理志》為藍本，班固的地理觀及其《漢書・地理志》模式對中國古代地理學的發展產生了深遠影響。一方面是為我國保留了一大批極有價值的人文地理資料，另一方面也妨礙了自然地理觀念的發展。直到明末《徐霞客遊記》問世之前，中國始終缺乏對自然地理現象進行科學描述和研究的專著，至多只有記錄自然地理現象分佈和簡單描述的作品，往往還是像《水經注》那樣以人文地理資料的記錄為主，之所以出現這種情況，班固的地理觀及其《漢書・地理志》模式的影響不能不說是其重要原因之一。

班固不僅在《漢書・地理志》中首創了政區地理志的模式，同時也完成了首例改革地理的著作。《漢書》雖然是西漢一朝的斷代史，但《漢書・地理志》記述的內容超出西漢一朝。它沿襲《禹貢》、《周官》、《春秋》，下到戰國以及秦、漢。它是一部西漢的地理著作，又涉及各郡國的古代歷史、政區變遷改革等。班固在《漢書・地理志》中注重地理沿革的做法被以後的正史地理志、全國地理總志和大量的地方志所沿用，使後世的沿革地理著作成為中國古代地理學的重要部分。

班固的《漢書》是中國西漢的斷代史，其中記載了當時大量的自然和人文地理資料，尤其集中在其中的《地理志》以及《溝洫志》和《西域列傳》等篇目中。《漢書・地理志》的正文中就記載川渠四百

八十個，菏澤五十九個，描述了全國三百多條水道的源頭、流向、歸宿和長度，是《水經注》出現以前內容最豐富的水文地理著作。正文中還記載有一百五十三個重要山嶽和一百三十九處工礦物產位置分佈情況；有屯田的記錄；有水利管道的建設；有各郡國及首都長安、少數重要郡國所及縣的戶數和人口數統計資料一百一十三個，是我國最早的人口分佈記錄，也是當時世界上最完善的人口統計資料。書中有陵邑、祖宗廟、神祠的分佈；有具有歷史意義的古國、古城及其它古蹟記錄；有重要的關、塞、亭、障的分佈以及通塞外道路的內容等。總之，《漢書》中所記載的自然地理、經濟地理、人口地理、文化地理、軍事交通地理等內容為今天研究漢代的社會提供了寶貴的資料。

▌專家品析

班固是中國東漢著名的學者，《漢書》中有關地理方面的記述是他根據史料進行抄錄編纂而成的，特別是《漢書·地理志》博採西漢以前的地理著作匯為一篇。著書的宗旨是「追述功德」、表彰漢朝使之「揚名於後世」，同時為當時行政管理服務。

《漢書·地理志》的模式容易被後世的正史地理志、全國總志、地方志仿傚，從而對中國古代地理學的發展產生很大影響。班固所開創的《漢書·地理志》模式對後世沿革地理的蓬勃發展起了促進作用，但也阻礙了自然地理的進步；它記錄了大量的人文和自然地理資料，但也阻礙了理論的發展，特別是自然地理學理論的發展。從《漢書·地理志》的內容來說，它是從事中國疆域政區沿革研究的基礎，是研究中國疆域地理必讀的書，是研究漢代地理必讀的版本。

代表作品 ————————

　　《漢書》不僅為後世同類史書奠定了規模，而且奠定了他在中國古代地理學史中的獨特地位。班固除給後世留下巨著《漢書》以外，他還寫了大量的典引、詩賦、銘、頌等文章，在范曄寫的《後漢書》時尚存四十一篇，現在除《後漢書》中保留的三篇外，其餘大多散失。班固的地理學成就主要體現在《漢書》中，尤其是《漢書·地理志》中。

06 後世史家，尊稱名著
—— 陳壽・西晉

生平簡介

姓　　名	陳壽。
別　　名	承祚。
出 生 地	巴西郡安漢縣（今四川南充）。
生 卒 年	公元二三三至二九七年。
主要成就	《三國志》與《史記》、《漢書》、《後漢書》一起被後世史學家尊稱為「中華史學名著前四史」。

名家推介

　　陳壽（公元 233-297），字承祚，巴西安漢（今四川南充）人。西晉史學家、文學家。

　　他在蜀漢時任衛將軍主簿、東觀秘書郎、觀閣令史、散騎黃門侍郎等職。當時，宦官黃皓專權，大臣都曲意附從。陳壽因為不肯屈從黃皓，所以屢遭貶斥。西晉以後，歷任著作郎、長平太守、治書待御史等職。二八〇年，西晉滅東吳，結束了分裂局面。陳壽當時四十八歲，開始撰寫《三國志》。

█ 名家故事 ─────

　　南充在三國時叫巴西郡安漢縣，是蜀國領地。陳壽出生於蜀後主劉禪建興十一年，也就是劉備在白帝城向諸葛亮託孤後的第十一年，三國爭霸已進入尾聲。

　　陳壽少年時就聰慧好學，從小就對歷史著作表現出了特別的興趣。他先通讀了最為古老的《尚書》和《春秋》，更精心地研習了西漢司馬遷的《史記》和東漢班固的《漢書》，熟悉了寫作史書的方法。同時，他所寫的文章又多彩動人，深得長輩們的贊許。

　　陳壽的父親是馬謖的參軍，失街亭以後，陳壽的父親和馬謖一樣受到處罰，馬謖被諸葛亮讓刀斧手殺了，這就是三國演義中經典的「諸葛亮揮淚斬馬謖」。也是戲曲中「失空斬」三部曲中的「斬」，陳壽的父親就受到髡刑的處罰，就是削髮，剃去頭髮，這在當時是種極具污辱性的處罰，然後逐出軍營，陳壽的父親才到家鄉，幾年之後結婚生子，生了陳壽，陳壽的父親把他在失街亭當中滿腔義憤和不得志寄予他兒子陳壽的身上，從小對陳壽要求非常嚴格。

　　後來，陳壽的父親病故，陳壽匆忙趕回家中，守孝三年。而在他後來編撰的《三國志》中，對於因捲入失街亭一戰而受牽連的老父卻隻字未提，對於懲罰父親的諸葛亮卻大加頌揚，這是何等寬廣的胸懷。

　　陳壽在大約在十八歲時進入了蜀國都城成都的太學學習，遇到了影響他人生的同是南充人的譙周，在譙周門下學習時，陳壽進一步刻苦攻讀史學，在南充的民間至今流傳許多陳壽刻苦讀書的故事。

　　譙周作為三國後期的重要人物或許不被今天的人們所熟知。陳壽在他的《三國志》中專門為這位同鄉的老師寫了一篇傳記。譙周語言

幽默，傳記中說諸葛亮都被他幽默的話語逗樂，就是這樣一個詼諧幽默的人，最終卻左右了三國鼎立的格局。

三國後期，魏國逐漸強大。蜀、吳均無力與魏國抗衡。魏國伐蜀時，兵至陰平。危急關頭，譙周力勸後主劉禪降魏。他向劉禪建議說：「這樣既能保證自己不至於身敗名裂，另一方面又能使全蜀老百姓不至於生靈塗炭。」並打消劉禪顧慮，說如果降魏後魏國不封你為王，我願冒險去魏國說理，劉禪聽從了譙周的意見，投降魏國，為此三國鼎立的格局被打破。

陳壽在《三國志》中也是如此評價他的老師的，然而，在那個忠義為本的封建社會中，譙周的所作所為在很多人看來無疑是違背忠義之道的，在當世和後世的人對於譙周都有著諸多的非議，而南充人寬容地接納了這位頗具爭議的老鄉。蜀國降魏後，譙周數次拒絕了魏王封賞給他的高官厚祿。七年後，譙周在家鄉於紛擾中離開了人世，誓死不肯穿魏王賜給他的壽衣。這其中的是非曲直，只能任由後世評說了。之後形式的演變，果然如同譙周所預料的那樣，蜀國在歸入魏國兩年後，魏國的晉王司馬昭之子司馬炎以受禪讓之名取代魏國建立晉朝，也就是歷史上的西晉，公元二八○年，晉朝消滅吳國，至此，長達八十四年分裂割據的局面終於結束。

蜀漢滅亡那一年，陳壽三十一歲，漸入中年。他留在了故鄉南充，閒居家中，埋頭讀書數年，造詣日深。外面世界所發生的一切他也都看在眼中，《三國志》的構思從那幾年就開始了。

公元二六八年，三十六歲的陳壽離開故鄉南充趕赴晉都城洛陽，擔任西晉著作郎，專門負責編撰史書，從此人生步入了一個新的階段。天下一統的政治環境使得陳壽編撰《三國志》的設想成為可能。從小就在蜀國成長起來的陳壽早已積累了大量蜀國的資料，後又補充

魏、吳兩國資料，一部長達六十五卷的宏篇史學巨著終於編撰而成。

　　《三國志》在完成那一刻起就在當世引起了轟動。晉惠帝在看過《三國志》後當即下詔，命令全國百姓每家每戶都要抄寫《三國志》，這也使得《三國志》中的故事很快就在民間普及。到唐朝時，社會上出現了一種新興的行業──說書，又進一步推動了三國故事在民間的普及。

▌專家品析

　　陳壽是三國時人，蜀國滅亡時他三十一歲。他所修的《三國志》中的很多事是他親身經歷、耳聞目見的，比較真切。《三國志》書成之後，就受到了當時人們的好評。陳壽敘事簡略，很少重複，記事翔實。在材料的取捨上也十分嚴慎，為歷代史學家所重視。史學界把《史記》、《漢書》、《後漢書》和《三國志》合稱前四史，視為紀傳體史學名著。

　　對於今天的多數人來說，了解「三國文化」多是通過明代羅貫中所寫的古典名著《三國演義》。實際上，《三國志》是史書，《三國演義》是小說，《三國演義》的全稱是《三國志通俗演義》，現在我們都統稱《三國演義》，演義就是小說的作者可以根據《三國志》去即興發揮。

▌代表作品

　　陳壽《三國志》是一部記載魏、蜀、吳三國鼎立時期的紀傳體斷

代史。其中《魏書》三十卷，《蜀書》十五卷，《吳書》二十卷，共
六十五卷。記載了從魏文帝黃初元年，到晉武帝太康元年六十年的歷
史。

07 田園生活，桃花源記
—— 陶淵明・東晉

▎生平簡介 ————

姓　　名	陶淵明。
別　　名	五柳先生、陶潛。
出 生 地	潯陽柴桑（今江西九江）。
生 卒 年	約公元三六五至四二七年。
身　　份	詩人。
主要成就	田園詩人的鼻祖。

▎名家推介 ————

　　陶淵明（約公元 365-427），字元亮，號五柳先生，諡號靖節先生，東晉潯陽柴桑（今江西省九江市）人。東晉末期南朝宋初期詩人、文學家、辭賦家、散文家。

　　曾做過幾年小官，後辭官回家，從此隱居，田園生活是陶淵明詩的主要題材，相關作品有〈飲酒〉、〈歸園田居〉、〈桃花源記〉、〈五柳先生傳〉、〈歸去來兮辭〉、〈桃花源詩〉等。

名家故事

　　陶淵明年幼時家庭寒微，九歲喪父，和母親、妹妹三人度日，孤兒寡母寄居在外祖父家裏生活。外祖父家裏藏書多，給他提供了閱讀古籍和了解歷史的條件，他不僅像一般的士大夫那樣學了《老子》、《莊子》，而且還學了儒家的《六經》和文、史以及神話之類的書籍。時代思潮和家庭環境的影響，使他接受了儒家和道家兩種不同的思想，培養了「猛志逸四海」和「性本愛丘山」的兩種不同的志趣。

　　孝武帝太元十八年，他懷著「大濟蒼生」的願望，出任江州祭酒。當時門閥制度森嚴，他出身百姓之家受人輕視，他憤然辭職回家後，州里又來召他做主簿，他也辭謝了。安帝隆安四年，他到荊州投入桓玄門下做屬吏。這時，桓玄正控制著長江中上游，窺伺著篡奪東晉政權的時機，他當然不肯與桓玄同流，做這個野心家的心腹。隆安五年冬天，他也以喪母為藉口辭職回家。元興元年正月，桓玄舉兵與朝廷對抗，攻入建康，奪取東晉軍政大權。元興二年，桓玄在建康公開篡奪了皇帝的位置，改國號為楚。陶淵明在家鄉躬耕自資，閉戶高吟，表示對桓玄稱帝之事不屑一顧。

　　陶淵明十三年的仕宦生活，到最後辭去彭澤縣令結束。這十三年，是他為實現「大濟蒼生」的理想抱負而不斷嘗試、不斷失望、終至絕望的十三年。最後賦〈歸去來兮辭〉，表明與上層統治階級決裂，不與世俗同流合污的決心。

　　陶淵明辭官後過著平常百姓的生活，他居住的地方門前栽種五棵柳樹，所以被人稱為五柳先生。夫人翟氏，與他志同道合，安貧樂道，共同勞動，維持生活。陶淵明的晚年，生活越來越貧困，有的朋友主動送錢周濟他，有時他也不免上門請求借貸。他的老朋友顏延之

任始安郡太守，經過潯陽，每天都到他家飲酒。臨走時，留下兩萬錢，他全部送到酒家，陸續飲酒。不過，他的求貸或接受周濟是有原則的，江州刺史檀道濟親自拜訪他，這時他又病又餓好些天，起不了床。檀道濟送給他生活用品，並勸說他入仕為官，他婉言謝絕。他辭官回鄉二十二年一直過著貧困的田園生活而固窮守節的志趣，到老年更加堅定。元嘉四年九月中旬神志還清醒的時候，他給自己寫了〈擬輓歌辭〉三首，在第三首詩中末兩句說：「死去何所道，托體同山阿」，表明他對死亡看得那樣平淡自然。

公元四二七年，陶淵明走完了他六十三年的生命歷程，與世長辭。他被安葬在南山腳下的陶家墓地中，就在今天江西省九江縣和星子縣交界處的面陽山腳下。如今陶淵明的墓保存完好，墓碑正中楷書「晉徵士陶公靖節先生之墓」，左刻墓誌，右刻〈歸去來兮辭〉，是清朝乾隆元年陶姓子孫所立。

陶淵明被稱為「隱逸詩人之宗」。他的創作開創了田園詩一派，為我國古典詩歌開創了一個新的領域。從古至今有很多人喜歡陶淵明寄意田園、超凡脫俗的人生哲學，以及他淡泊致遠、恬靜自然、無與倫比的藝術風格。陶淵明是兩漢魏晉南北朝八百年以來最傑出的詩人，也是傑出的辭賦家與散文家。他的詩作現存一百二十五首，其中四言詩九首，五言詩一百一十六首。其餘文體留存十二篇，其中辭賦三篇、韻文五篇、散文四篇。

陶淵明的詩感情真摯，樸素自然，時時流露出逃避現實、樂天知命的老莊思想，因此，陶淵明有「田園詩人」之稱，也是田園詩派的鼻祖。他的詩從內容上可分為飲酒詩、詠懷詩和田園詩三大類。

在他的田園詩中，隨處可見的是他對污濁現實的厭煩和對恬靜的田園生活的熱愛。因為有實際勞動經驗，所以他的詩中洋溢著勞動者

的喜悅，表現出只有勞動者才能感受到的思想感情。對現實的失望，迫使詩人回到詩歌中去構築一個理想的社會，〈桃花源詩並記〉是他這一思想傾向的反映。除田園詩之外，陶淵明還有歌詠勇士的詩、有充滿愛國熱情的詩、有消極避世的詩，由此可見其詩歌思想的複雜性。

陶淵明的詩多取材田園風光、平常生活，運用樸素的語言、白描的手法，直率地抒寫而出，這就使讀者感到自然、親切，情感真摯，沒有任何人工雕琢的痕跡，引導讀者去體味其中悠然沖淡的情致，走進詩人所營造的意境中去。

▌專家品析

陶淵明在中國文學史上的地位，在他死後幾十年裏，沒有得到充分的肯定和承認。隨著歲月的流逝，《陶淵明集》成為中國文學史上文人專集的第一部，充分顯示出了它的重大意義。

陶淵明是個外表恬淡靜穆，而內心熱情濟世的無神論者。他不願與當政者同流合污，便選擇了一條退隱歸耕的道路。他在崇尚駢儷陳舊文風的晉代，能創造出有獨物風格的田園詩的新形式，在中國詩歌發展史上作出了很大的貢獻。他傳世的名篇〈桃花源記〉，正是他對上古原始時代的那種人們自食其力、友好相處、沒有種種現實紛擾與貧困的怡然自得的社會的憧憬。就是他的隱居與飲酒，放在當時的時代背景下加以分析，也含有對當時黑暗統治的不滿和反抗的深刻內涵。

▌代表作品 ━━━━━

　　陶淵明擅長詩文辭賦，詩多描繪自然景色及其在農村生活的情景，其中的優秀作品寄寓著對官場與世俗社會的厭倦，表露出他潔身自好、不願屈身逢迎的志趣，但也有宣揚「人生無常」，「樂安天命」等消極思想。他的詩文的藝術特色，平淡又不乏爽朗，語言質樸自然，具有獨特的藝術風格。

　　他是中國第一位田園詩人，並且以美好生活的嚮往為主題。〈桃花源記〉是陶淵明的代表作之一。

08 後漢史書，傑出成就
—— 范曄 · 南北朝

▊生平簡介

姓　　名　范曄。

別　　名　蔚宗。

出 生 地　今河南淅川東。

生 卒 年　公元三九八至四四五年。

身　　份　歷史學家。

主要成就　從歷史編纂學的角度看，范
　　　　　曄所撰的《後漢書》在完善
　　　　　紀傳體斷代史方面，做出了
　　　　　較大的貢獻。

▊名家推介

　　范曄（公元 398-445），字蔚宗，南朝宋順陽（今河南淅川東）人，南朝劉宋時歷史學家。官至左衛將軍，太子詹事。

　　宋文帝元嘉九年，范曄開始撰寫《後漢書》，到元嘉二十二年以謀反罪被殺，寫成了十紀、八十列傳。原計劃作的十志，未能完成。現在版本的《後漢書》中的八志三十卷，是南朝梁劉昭從司馬彪的《續漢書》中抽出來補進去的。

▍名家故事 ────────

公元四二〇年，二十三歲的范曄應召到劉裕之子彭城王劉義恭的府下為冠軍參軍，後又隨府轉為右軍參軍，此後十餘年，他先後擔任過尚書外兵郎、荊州別駕從事史、秘書監、新蔡太守、司徒從事中郎、尚書吏部郎多種職務。

宋文帝元嘉九年冬，揚州刺史彭城王劉義康母親王太妃去世。劉義康把故僚們召集到府內幫助料理喪事，范曄也到場了，劉義康的母親死了，范曄實在悲傷不起來。在臨葬前的一天夜晚，輪到他的弟弟范廣淵值班，范曄兄弟倆邀了一位朋友躲在屋裏喝起酒來，醉意朦朧之際，范曄忘記了利害，竟推開窗子，聽輓歌助酒，這件事傳出後，劉義康非常惱怒，幾句讒言上去，宋文帝就把范曄打發到宣城當太守去了。

這次貶官對范曄是一次很大的刺激，仕途上的坎坷勾起了他幼年生活的某些隱痛。原來現實中的許多不能解答的問題，在同歷史的經驗相對照後，他逐漸整理出了一些頭緒。范曄憑著個人對歷史問題的理解，為後來他的歷史名作《後漢書》的著述奠定了基礎。這一年，他三十五歲。

元嘉十七年到二十一年五年多的時間裏，范曄的仕途一直比較順利。他先後擔任過始興王後軍長史，並就任南下邳太守。始興王從豫州調到建康做揚州刺史時，范曄隨行入京。不久，他升任為統領一部分禁軍的左衛將軍和職務相當於尚書令的太子詹事。范曄具有多方面的才能，除學識淵博、善於為文外，還精通音樂，長於書法。但范曄為人傲岸不羈，不肯迎合最高統治者。他的琵琶彈得很好，並能創作新曲。宋文帝很想聽聽，屢次加以暗示，范曄假裝糊塗，始終不肯為

皇帝彈奏。

元嘉二十一年，劉義康的幾位心腹籌畫政變。由於范曄掌握禁軍，有盛名，又多年在劉義康的部下為官，所以在網羅黨羽時候，成了他們注意的對象。他們通過各種方法拉攏范曄，劉義康也因宣城之貶向他頻致歉意。最初，范曄不同意參與，對方用朝廷拒絕聯姻一事相激。范曄考慮到自己的處境終於參加進來。他們商定次年九月起事，劉義康的黨羽孔熙先兄弟倆事先寫好檄文，並要范曄以劉義康的名義起草政變宣言。由於種種原因，政變未能如期舉行，這年十一月，劉義康的一個黨徒徐湛之向宋文帝告密，並聲稱范曄是政變的主謀。於是，范曄被捕，於元嘉二十二年十二月慘遭殺害，時年四十八歲。范曄在臨刑前，仍然堅持自己的無神論主張，對那些相信佛教並對他投石下井的同僚進行了不妥協的抗爭。

《後漢書》記事上起漢光武帝劉秀建武元年，下至漢獻帝建安二十五年，囊括東漢一代一百九十六年的歷史。范曄原計劃寫十紀、十志、八十列傳。十志他委託謝儼代為編撰。謝儼編撰完畢，也捲入統治階級內部鬥爭，與范曄同以謀反罪名被殺。

范曄對《後漢書》的體裁問題是動過一番腦筋的，范曄著書時曾對紀傳體和編年體進行過比較，在他看來，採用紀傳體寫史比編年體更能全面地反映歷史的本來面目，能給後人提供更多的東西。

《後漢書》集中起來有如下特點：

《後漢書》大部分沿襲《史記》、《漢書》的現成體例，但在成書過程中，范曄根據東漢一代歷史的具體特點，又有所創新，有所變動。東漢從和帝開始，連續有六個太后臨朝，把她們的活動寫成紀的形式，既名正言順，又能準確地反映這一時期的政治特點。

《後漢書》新增加了〈黨錮〉、〈宦官〉、〈文苑〉、〈獨行〉、〈方

術〉、〈逸民〉和〈列女〉七個類傳。范曄是第一位在紀傳體史書中專為婦女作傳的史學家。尤為可貴的是,〈列女傳〉所收集的十七位傑出女性,並不都是貞女節婦,還包括並不符合禮教道德標準的才女蔡琰。范曄首創〈文苑傳〉更是把握了漢代的文學發展趨勢,將孔門四科中地位最低的文學擺到了應有的位置。此外,〈黨錮傳〉、〈宦官傳〉都是為反映一代特點、概括一代大事而設立的。

《後漢書》突出了「論」、「贊」的地位。司馬遷、班固和陳壽在他們的著作中也都明文評史,只是具體名目不同。《史記》稱「太史公曰」,《漢書》為「贊」,《三國志》叫「評」。「論」、「贊」在《後漢書》中的重要性遠在前面三書之上,因為范曄不但利用這種形式評論史實,還對某一歷史人物或事件進行綜述,從幾個方面反覆地進行分析,對本傳起到題解作用。

▌專家品析 ————

范曄明確地提出寫史為政治服務,可以說是歷史上的第一人。他採用論贊的形式明文評論史事,把史論作為重心,成為《後漢書》的一個特點。范曄還繼承了司馬遷「通古今之變」的編撰思想。他在很多序、論中,打破朝代的局限性,儘量地把某一歷史現象的發生、發展及其結果描述清楚,力求有所歸納。他從歷史形勢發展上論述古今變異,總結歷史發展規律的史學研究方法是可取的。

范曄《後漢書》使用的類敘法也很有特色。他把人品相同的人合為一傳,有時甚至打破時間界限,把王充、王符和仲長統都因立論切中時弊,本人又淡泊榮辱,雖然屬於不同時代也合為一傳,這樣就大

大地增加了書的容量，給不少人品很好但事蹟不多的人造成了立傳機會。

▌代表作品 ────────

　　范曄的《後漢書》，文辭優美，簡潔流暢，不僅為史學名著，也稱得上是文學名作。范曄將皇后列為本紀，這是《後漢書》的一大特點。他編纂《後漢書》的目的明確地提出寫史為政治服務，可以說是歷史上的第一人。

09 志怪小說，世說新語

—— 劉義慶 · 南北朝

生平簡介

姓　　名	劉義慶。
字	季伯。
出 生 地	彭城（今江蘇徐州）。
生 卒 年	公元四〇三至四四四年。
身　　份	小說家、文學家。
主要成就	《世說新語》不僅保留了大量反映當時社會生活的珍貴史料，而且語言簡練，文字生動鮮活，是一部文學價值極高的古典名著。

名家推介

　　劉義慶（公元 403-444）漢族，彭城（今江蘇徐州）人。字季伯，南朝宋政權文學家。劉義慶自幼才華出眾，愛好文學。除《世說新語》外，還著有志怪小說《幽明錄》。

　　他一生從政八年，政績頗佳。後任江州刺史，到任一年，因同情貶官王義康而觸怒文帝，被調出京城，改任南京州刺史、都督和開府

儀同三司。不久，以病告退，公元四四四年卒於建康（今南京）。

▍名家故事 ───────

　　劉義慶十五歲就平步青雲，任秘書監一職，掌管國家的圖書著作，有機會接觸與博覽皇家的典籍，對《世說新語》的編撰奠定良好的基礎，十七歲升任尚書左僕射（相當於副宰相），位極人臣，但他的伯父劉裕首開篡殺之風，使得宗室間互相殘殺，因此劉義慶也害怕有不測之禍，二十九歲便請求外調，解除左僕射一職。

　　三十歲開始，劉義慶擔任荊州刺史，頗有政績，荊州地廣兵強，是長江上游的重鎮，在此過了八年安定的生活。

　　八年後劉義慶擔任江州刺史與南兗州刺史，三十八歲開始編撰《世說新語》，與當時的文人、僧人往來頻繁，於四十一歲病逝於京師。劉義慶稱得上是一代文人政治家，一生雖然歷任要職，但政績卻不突出，除了本身個性不熱衷外，最重要的原因就是不願意捲入劉宋皇室的權力鬥爭。

　　《世說新語》是一部筆記小說集，此書不僅記載了自漢魏至東晉士族階層言談、軼事，反映了當時士大夫們的思想、生活和清高荒誕的風氣，而且其語言簡練，文字生動鮮活，因此自問世以來，便受到文人的喜愛和重視，戲劇、小說如關漢卿的雜劇《玉鏡臺》、羅貫中的《三國演義》等也常常從中尋找素材。

　　劉義慶在揚州時候，聽說了不少當地的人物故事、民間傳說，所以在《世說新語》中，也記載了一些發生在當時揚州的故事。如後世熟悉的成語「咄咄怪事」，就是源自於曾擔任建武將軍、揚州刺史的

中軍將軍殷浩被廢為平民後，從來不說一句抱怨的話，每天只是用手指在空中寫寫畫畫，揚州的吏民順著他的筆劃暗中觀察，看出他僅僅是在寫「咄咄怪事」四個字而已，大家這才知道，他是借這種方法來表示心中的不平。

可惜的是，《世說新語》一書剛剛撰成，劉義慶就因病離開揚州，回到京城不久便英年早逝，宋文帝哀痛不已，贈其諡號為「康王」。

《世說新語》是魏晉南北朝時期「志人小說」的代表作。按照內容可分為「德行」「言語」「政事」「文學」等三十六類，每類收有若干則，全書共一千多則，每則文字長短不一，有的數行，有的三言兩語，從此可見筆記小說「隨手而記」的特性。

《世說新語》主要記述士人的生活和思想，及統治階級的情況，反映了魏晉時期文人的思想言行，和上層社會的生活面貌，記載頗為豐富真實，這樣的描寫有助讀者了解當時士人所處的時代狀況及政治社會環境，更讓我們明確地看到了所謂「魏晉清談」的風貌。

《世說新語》是劉義慶和門下文人雜採眾書編纂潤色而成，是志人小說集。這部書記載了自漢魏至東晉的遺聞軼事，內容非常豐富，這部書對後世筆記小說的發展有著深遠的影響，而仿照此書體例而寫成的作品更不計其數，在古小說中自成一體。書中不少故事，或成為後世戲曲小說的素材，或成為後世詩文常用的典故，在中國文學史上具有重要地位，魯迅先生稱它為「名士的教科書」。《世說新語》原為八卷，今本作三卷，分德行、言語、政事、文學、方正、雅量、識鑒、賞譽等三十六門，主要記晉代士大夫的言談、行事，較多地反映了當時士族的思想、生活和清談放誕的風氣。

此外，《世說新語》善用對照、比喻、誇張與描繪的文學技巧，

不僅使它保留下許多膾炙人口的佳言名句，更為全書增添了無限光
采。

如今，《世說新語》除了文學欣賞的價值外，人物事蹟、文學典
故、等也多為後世作者所取材，引用，對後來筆記影響尤其巨大。

《幽明錄》，亦作《幽冥錄》、《幽冥記》，它是劉義慶集門客所
撰寫的一部志怪小說集，三十卷，原書已散佚。《幽明錄》中故事的
體裁有地理博物體、雜史雜傳體、談佛論道體幾種。其中多數作品都
短小簡潔，缺少細節，但描寫文雅細膩。繼承了傳統的仙怪題材，但
也有創新，尤其是在鬼怪的人情化方面取得了較大的進步，使作品更
有現實感。《幽明錄》中許多故事，成為後世作家取材的源泉。

《幽明錄》許多作品情節曲折，神怪形象多具人情，和易可親，
極富現實性；許多作品敘事具有抒情寫意的詩化特徵，有的穿插文人
化的詩歌，使作品充滿了詩情畫意，可見《幽明錄》已開創了意向學
小說之先河，後世借鑒者頗多。

▌專家品析 ────────

劉義慶是個「為性簡素，寡嗜欲，愛好文義」的人，稱得上是文
人政治家。他一生雖歷任要職，但政績卻平平無奇，除了本身個性不
熱衷外，最重要的原因就是不願意捲入劉宋皇室的權力鬥爭。劉義慶
為人恬淡寡欲，愛好文史，不少文人雅士集中他的門下，當時名士如
袁淑、陸展、何長瑜、鮑照等人都曾受到他的禮遇。著有《幽明
錄》、《宣驗記》等，但皆已散佚，現只存《世說新語》一書流傳於
世。梁代劉孝標為《世說新語》作注，引書四百多種，與《世說新語》
並行。

▌代表作品 ─────────

　　《世說新語》是劉義慶組織一批文人編寫的。《世說新語》共八卷，今本作三卷，分德行、言語、政事、文學、方正、雅量、識鑒、賞譽等三十六門。《世說新語》是雜採眾書編纂潤色而成的志人小說集。這部書記載了自漢魏至東晉的遺聞軼事。所記雖是片言數語，但內容非常豐富，廣泛地反映了這一時期士族階層的生活方式、精神面貌及其清談放誕的風氣。這部書對後世筆記小說的發展有著深遠的影響，而仿照此書體例而寫成的作品更不計其數，在古體小說中自成一體。

文心雕龍，文藝批評

——劉勰·南北朝

▍生平簡介 ————————

姓　　名　　劉勰。

字　　　　　彥和。

出 生 地　　山東莒縣東莞鎮。

生 卒 年　　公元四六五至五二〇年。

身　　份　　文學評論家。

主要成就　　編著《文心雕龍》。

▍名家推介 ————————

　　劉勰（公元 465-520），字彥和，生活於南北朝時期，中國歷史上著名的文學理論家。漢族，祖籍山東莒縣（今山東省日照市莒縣）。

　　他曾做過縣令、步兵校尉、宮中通事舍人，頗有清名。晚年在山東莒縣浮來山創辦定林寺。劉勰雖任許多官職，但其名不以為官顯赫，卻以文章著名，一部《文心雕龍》奠定了他在中國文學史上和文學批評史上不可或缺的地位。

▌名家故事 ────

　　劉勰早年家境貧寒，篤志好學，終生未娶，曾寄居江蘇鎮江，在鍾山的南定林寺裏跟隨僧人研讀佛書及儒家經典，三十二歲時開始寫《文心雕龍》，歷時五年，終於寫成我國最早的文學評論巨著。

　　該書共計三萬七千餘字，分十卷五十篇。包括總論、文體論、創作論、批評論四個主要部分。上部從〈原道〉至〈辨騷〉共五篇，論「文之樞紐」，闡述了劉勰對文學的基本觀點，是全書的綱領和理論基礎。從〈明詩〉到〈書記〉的二十篇，以「論文序筆」為中心，每篇分論一種或兩三種文體，可稱是文體論。下部，從〈神思〉到〈物色〉的二十篇，以「剖情析采」為中心，重點研究有關創作過程中各個方面的問題，是創作論。〈時序〉、〈才略〉、〈知音〉、〈程器〉等四篇，從不同角度對過去時代的文風、作家的成就提出批評，並對批評方法進行專門探討，可稱是文學史論和批評鑒賞論。下部的這兩個部分，是全書的精華所在。最後一篇〈序志〉說明自己的創作目的和全書的部署意圖。

　　《文心雕龍》從內容上說雖然分為四個方面，但理論觀點首尾一貫，各部分之間又互相照應，體大思精，具有嚴密的體系，在古代文學批評中是空前絕後的著作，是中國文學理論遺產的瑰寶，對於我們現在從事於文學創作、文藝批評等都有重要的參考價值，對於研究由上古至南齊以前中國文學的發展，更是不可或缺的依據，值得我們重視和好好研究。劉勰的成就是傑出的、空前的、是舉世公認的。

　　然而，由於劉勰地位和名聲還不夠顯赫，當時的學術界還不大知道他，《文心雕龍》問世後，這部心血的結晶卻得不到文壇的重視、名流的首肯。當時沈約在政界和文化界都具有重要的地位，劉勰想首

先取得他的承認，卻沒有機會接近他。一次，劉勰把書背著，像一個賣書的小販似的，在大路邊等著沈約。當沈約坐車經過時，便攔住了他。沈約好奇地把《文心雕龍》拿來閱讀，立即被吸引，對此書大加稱賞。後來又常常把《文心雕龍》放在几案上隨時閱讀。經過沈約的稱揚，劉勰的名氣才大起來，《文心雕龍》終於在士林中傳播開來。同時，三十八歲的劉勰，也告別了居留十多年的定林寺，從此開始踏上了仕途。

《文心雕龍》的創作目的是反對當時文風的「浮詭」、「訛濫」，糾正過去文論的狹隘偏頗。它在文學批評史上的突出貢獻是：

（一）初步建立了文學史的觀念。他認為，文學的發展變化，終歸要受到時代及社會政治生活的影響。他還注意到了文學演變的繼承關係。並由此出發，反對當時種種的不良傾向。

（二）分析論述了文學創作內容和表現形式的關係，主張文質並重。他主張「為情而造文」，反對「為文而造情」，堅決反對片面追求形式的傾向。

（三）從創作的各個環節上總結了經驗，提出了應該避免的失敗教訓。他指出，在創作上，作家「神與物遊」的重要，強調了情與景的相互影響和相互轉化。他還指出，不同風格是由於作家先天的才情、氣質與後天的學識、習慣存在著差異的結果。針對當時腐敗的文風，他提出了繼承文學傳統的必要，論述了文學創作中「新」、「故」的關係。此外，他對創作中諸如韻律、對偶、用典、比興、誇張等手法的運用，也提出了許多精闢的見解。

（四）初步建立了文學批評的方法論。他批評了一系列的不良風

尚，他提出了「六觀」的批評方法：一觀位體，看其內容與風格是否一致；二觀置辭，看其文辭在表達情理上是否確切；三觀通變，看其有否繼承與變化；四觀奇正，看其佈局是否嚴謹妥當；五觀事義，看其用典是否貼切；六觀宮商，看其音韻聲律是否完美。這在當時是最為全面和公允的品評標準。

《文心雕龍》在中國古代文學批評和文藝理論的發展史上具有巨大的奠基意義和深遠的影響，是一份十分寶貴的遺產，受到世界上許多國家的理論工作者越來越多的注意和重視。除《文心雕龍》外，劉勰還寫過不少有關佛理方面的著作，在梁代還有文集行世。文集在唐初已失傳，現在尚存〈梁建安王造剡山石城寺石像碑〉和〈滅惑論〉兩篇散文。

▍專家品析 ────────

劉勰所撰《文心雕龍》五十篇，是中國古代第一部文學批評著述。他主張文學作品應有「風骨」（充實的內容）、華美的形式（文采），並提出文學批評的六條標準（「六觀」）及其必須具備的修養，系統闡述先秦以來文學批評理論，在文學史上具有重要地位。

劉勰距今一千五百餘年之遙，他的修辭之論，既有理性的闡釋，又有言證、事證，既涉文章內容形式，又有關於作者思維、氣質、涵養、才情等諸多方面。他能從美才、美德、美情、美辭、美文的關係方面，闡釋情動而辭發，開創了完美系統的的修辭美學觀。

▌代表作品 ─────────

　　劉勰的《文心雕龍》，歷時五年，終於書成中國最早的文學評論巨著，該書共計三萬七千餘字，共十卷，五十篇，分上、下部，各二十五篇，包括總論、文體論、創作論、批評論四個主要部分。書超前人，體大而慮周，風格迥異，獨樹一幟，對後世影響頗大。

11 水經注解，遊記先河
—— 酈道元‧南北朝

生平簡介

姓　　名　酈道元。
字　　　　善長。
出 生 地　范陽郡（河北省涿州市）。
生 卒 年　約公元四七〇至五二七年。
身　　份　北朝北魏地理學家、散文家。
主要成就　奠定地理、水文等學科研究
　　　　　基礎。

名家推介

　　酈道元（約公元 470-527），字善長。漢族，范陽涿鹿（今河北涿
鹿縣）人。北朝北魏地理學家、散文家。

　　他一生仕途坎坷，博覽奇書，幼時曾隨父親到山東訪求水道，後
又遊歷秦嶺、淮河以北和長城以南廣大地區，考察河道溝渠，搜集有
關的風土民情、歷史故事、神話傳說，撰寫成《水經注》四十卷。文
筆雋永，描寫生動，既是一部內容豐富多彩的地理著作，也是一部優
美的山水散文匯集，堪稱為中國遊記文學的開創者，對後世遊記散文
的發展影響頗大。

▌名家故事

太和十七年秋季，北魏王朝遷都洛陽，酈道元擔任尚書郎，第二年跟隨魏孝文帝出巡北方，因執法清正，被提拔為治書侍御史。

魏宣武帝景明二年，酈道元擔任冀州鎮東府長史，採取嚴厲手段，打擊邪惡勢力。為政嚴酷，奸匪盜賊聞風喪膽，紛紛逃往他鄉，冀州境內大治。正始元年，酈道元調任潁川太守。永平元年，又調任魯陽太守，上表請求在當地建立學府，教化鄉民。延昌二年，升任輔國將軍、東荊州刺史，威猛為政。其後，蠻人向朝廷訴訟酈道元為官嚴厲，朝廷召酈道元返回洛陽。

魏孝明帝正光四年，酈道元擔任河南尹，治理京城洛陽。此後奉詔前往北方各鎮，整編相關的官吏，籌備軍糧，做好防守邊關的必要準備。孝昌元年，徐州刺史元法僧背叛北魏，投降南梁。酈道元奉詔率軍征討，全軍在渦陽奮勇拼殺，大獲全勝。返回京城後，升任御史中尉。皇親元微誣陷叔父元淵，酈道元力陳事實真相，元淵得以昭雪；元微因此嫉恨酈道元。皇族元悅的親信丘念仗勢操縱州官選用大權，酈道元密訪他的行蹤，並將他捕獲入獄。元悅請皇太后胡仙真說情，酈道元堅決依法處死丘念，並以此彈劾元悅，元悅從此懷恨在心。

孝昌三年丁未十月，南齊皇族、北魏雍州刺史蕭寶夤在長安發動叛亂，元微、元悅使出借刀殺人之計，竭力慫恿胡太后任命酈道元為關右大使，去監視蕭寶夤。蕭寶夤得知情況，立即發兵包圍酈道元。賊兵攻入陰盤驛亭，酈道元怒目罵賊，被叛賊殺害，終年五十六歲。蕭寶夤下令收殮酈道元，葬於長安城東。武泰元年春，魏軍收復長安，酈道元歸葬於洛陽，被朝廷追封為吏部尚書、冀州刺史。

　　酈道元勤奮好學，廣泛閱讀各種奇書，立志要為西漢後期桑欽編寫的地理書籍《水經》作注。他引用的文獻多達四百八十種，其中屬於地理類的就有一百零九種。經過多年辛苦，終於寫成名垂青史的著作《水經注》。

　　作為一位傑出的地理學家，酈道元在《水經注》的序言中對前代的著名地理著作進行了許多點評。秦朝以前，中國已有許多地理類書籍，但當時國家不統一，生產力水準不發達，人們對地理的概念還比較模糊，這些作品中普遍存在的問題就是虛構，如《山海經》、《穆天子傳》、《禹貢》等。酈道元堅決反對「虛構地理學」，他在《水經注》序言中提出了自己的研究和工作方法，那就是重視野外考察的重要性。

　　《水經注》一書中記載了酈道元在野外考察中取得的大量成果，這表明他為了獲得真實的地理信息，到過許多地方考察，足跡踏遍長城以南、秦嶺以東的中原大地，積累了大量的實踐經驗和地理資料。

　　酈道元在實地調查中原地形的同時，又廣泛搜求南方的地理著作，進行對比研究，得出自己的結論。在漫長的中世紀，西方世界正處在基督教會統治的黑暗時代，全歐洲在地理學界都找不出一位傑出的學者。東方的酈道元留下了不朽的地理巨著《水經注》四十卷，不僅開創了我國古代「寫實地理學」的歷史，而且在世界地理學發展史上也佔有重要的地位，不愧為中世紀最偉大的世界級地理學家。

　　酈道元在寫《水經注》時，突破了《水經》只記河流的局限。他以河流為綱，詳細地記述了河流流經區域的地理情況，包括山脈、土地、物產、城市的位置和沿革、村落的興衰、水利工程、歷史遺跡等古今情況，並且具有明確的地理方位和距離的觀念。像這樣寫作嚴謹、內容豐富的地理著作，在當時的中國以至世界上都是無與倫比

的。

　　從《水經注》中我們可以看到，酈道元以其飽滿的筆觸，為我們展現了一千四百年前中國的地理面貌，使人們讀後可以對各地的地理狀態及其歷史變遷有較清晰的了解。例如從關於北京地區的描述中，我們可以知道當時北京城的城址、近郊的歷史遺跡、河流以及湖泊的分佈等，還可以了解到北京地區人們早期進行的一些大規模改變自然環境的活動，像攔河堰的修築、天然河流的引導和人工管道的開鑿等。這是我們現在所能得到的關於北京地區最早的地理資料，也是我們研究北京地區歷史地理變遷的一個重要地點。這些資料對於我們今天仍然是非常有用的。酈道元對地理學的貢獻和歷史功績，是值得人們尊崇的。

▌專家品析

　　在《水經注》中，酈道元所記述的內容包括了全國各地的地理情況，還記述了一些國外的地理情況，其涉及地域東北至壩水（今大同江），南到扶南（今越南和柬埔寨），西南到印度新頭河（今印度河），西至安息（今伊朗）、西海（今蘇聯鹹海），北到流沙（今蒙古沙漠）。可以說，《水經注》是北魏以前中國及其周圍地區的地理學的總結。

　　《水經注》是第一部完整記錄華夏河流山川地貌的書，這部在歷史上被稱為「聖經賢傳」、「宇宙未有之奇書」。酈道元成為山水遊記文學的鼻祖，古今中外對《水經注》的研究形成了專門的學問──酈學。

▎代表作品 ────────

　　《水經注》全書記述了一千二百五十二條河流，及有關的歷史遺
跡、人物掌故、神話傳說等，是中國最全面、最系統的綜合性地理著
作，該書還記錄了不少碑刻墨蹟和漁歌民謠，文筆絢爛，語言清麗，
具有較高的文學價值。

12 九品論人，七略裁士
—— 鍾嶸·南北朝

生平簡介

姓　　名　鍾嶸。

字　　　　仲偉。

出 生 地　潁川長社（今河南長葛）。

生 卒 年　約公元四六八至約五一八年。

身　　份　文學批評家。

主要成就　提出了一套比較系統的詩歌
　　　　　品評的標準。

名家推介

　　鍾嶸（約公元 468-約 518），字仲偉。潁川長社（今河南長葛）人。中國南朝文學批評家。

　　他仿傚漢代「九品論人，七略裁士」的著作先例，寫成詩歌評論專著《詩品》。以五言詩為主，全書從兩漢開始，分為上、中、下三品進行評論，在《詩品》中，鍾嶸提倡風力，反對玄言；主張音韻自然和諧，反對人為的聲病說；主張「直尋」，反對用典，提出了一套比較系統的詩歌品評的標準。

▍名家故事 ────────

　　鍾嶸生活在齊梁時代，只做過王府記室一類小官。雖然他自己頗想在政治上有作所為，然而在門閥制度的嚴格控制下是不能如願以償的。鍾嶸政治上主張「無為而治」，思想上受儒家傳統觀念影響較小，在文學上敢於對當時不良風氣做比較尖銳的批評，是一位進步的文學理論批評家。鍾嶸在《詩品》中評論了一百二十二位詩人，分析了每一位詩人的思想藝術特徵及其歷史淵源，按照他們成就的高低，分為上、中、下三品。在三品的序言中，則以五言詩為中心，系統地論述了詩歌發展的歷史，以及有關詩歌創作的重要理論問題。他所採用的這種分品評論的方法是受漢魏以來品評人物的影響。

　　首先，比較深刻地闡明了文學和現實的關係。鍾嶸在《詩品·序》中強調指出詩歌是人的感情的表現，而人的感情的激動，是受現實生活的感觸而產生的。在文藝和現實的關係上，鍾嶸更為可貴的一點是他不僅僅指出了文學反映現實生活的本質，而且認為只有在描寫現實生活過程中表現了進步思想感情的作品，才是最有價值、最有意義、也才是最美的作品。

　　其次，鍾嶸提倡自然真美，反對刻意雕琢的形式主義美學觀。魏晉南北朝時期，在文學創作上存在著一種片面追求形式美的錯誤傾向，在齊梁兩代尤為嚴重。這種傾向在鍾嶸的時代非常突出地表現在堆砌典故和排比聲律這兩個方面。詩歌創作中當然是可以運用典故的，運用得當可以使詩歌含義更深刻，語言更凝練，抒情更透徹，形象更鮮明，起到言有盡而意無窮的藝術效果。但是，大量地堆砌典故，使詩歌意思晦澀，那就會違背藝術的特徵，使詩歌喪失自然本色美。針對這種弊病，鍾嶸從維護文學特點的角度出發，著重說明一般

非藝術的應用文章，可以多用典故；而作為藝術的詩歌是以抒情為主的，貴在自然流暢，不能以用典多為高。詩歌藝術應當重在形象塑造，不能用炫耀學問來代替。

從提倡自然真美的原則出發，鍾嶸竭力反對當時講究煩瑣的四聲八病的聲律派創作傾向。鍾嶸並不是完全不要詩歌的音樂美，但是他認為只要在音韻上自然流暢便是好作品，沒有必要去追求那些細碎的格律。鍾嶸在對聲律派的評價上也有過於片面、對其貢獻肯定不夠之處。因為詩歌創作的音韻格律也是有規律可循的，事實上聲律派對我國古典詩歌格律的形成是起過相當重要的作用的。但是，在對聲律派理論的流弊的批評上，鍾嶸是完全正確的，對我國古代文學思想的健康發展起過積極的促進作用。

最後，鍾嶸主張風骨與辭采並重，強調要有「滋味」，具備不朽的藝術魅力。風骨是中國古代的一個重要美學範疇。鍾嶸在《詩品》中所說的「風力」也即是風骨之意。他認為詩歌創作應當要以風骨為主，辭采為輔，風骨與辭采並重。鍾嶸論齊梁以前五言詩發展的狀況時，以建安文學為最高典範，而建安文學創作特點便是風力遒勁。

鍾嶸所說的「建安風力」，我們從他的《詩品》中的總論和對各個詩人的具體論述中看，主要有以下一些特徵：第一是要有慷慨悲壯的怨憤之情，並且表現得十分鮮明強烈。第二是要直抒胸臆，自然真切，而無矯揉造作、人為雕琢之態。第三是形象鮮明突出，具有簡潔明朗的風格特色。總的說來，「風力」是指詩歌形象的精神本質方面的美，而「丹彩」則是指詩歌形象的物質表現形式方面的美，只有兩者緊密結合，才能使文學作品形神兼備，栩栩如生。

鍾嶸《詩品》的價值除了上述幾方面之外，還值得我們重視的是他把詩歌發展的歷史淵源歸納為《詩經》和《楚辭》這樣兩條線索。

這是符合中國古代詩歌發展的實際情況的。《詩經》和《楚辭》是中國古代現實主義和浪漫主義兩個不同流派的最早代表作。當然，鍾嶸在對齊梁以前的詩人按這兩條線索歸類時，他的劃分是有不科學之處的，對有些詩人創作上的承繼關係的論述也有簡單化的缺點。但是他能提出詩歌發展這兩條基本線索，對我們研究詩歌發展歷史很有借鑒意義。同時，鍾嶸對一百多位詩人的創作特色的概括，也為我們研究這些詩人的創作，提供了很有價值的見解。在這個意義上說，《詩品》不僅是一部詩歌理論批評的專著，而且是一部關於五言詩作家作品的文學史專著。

▌專家品析

鍾嶸的《詩品》是在劉勰《文心雕龍》以後出現的一部品評詩歌的文學批評名著。這兩部著作相繼出現在齊梁時代不是偶然的，因為它們都是在反對齊梁形式主義文風的鬥爭中的產物。

鍾嶸的《詩品》是我國古代第一部「系統的自覺的文學批評著作」，在中國文學理論批評史上佔有重要的地位。《詩品》把自己的評論對象只限於詩歌，而且是限於五言詩。但是，它在詩歌理論批評方面作出的貢獻卻是重大而卓越的。它初步地建立起中國古代詩歌理論批評的體系，提出了許多有關詩歌的精闢見解。作為第一部詩論專著，《詩品》在中國古代詩歌理論批評史和詩歌發展史上都曾產生過深遠的影響，自唐宋以來，它一直受到人們的普遍重視，並被稱為「詩語之源」。

▌代表作品 ───────

　　鍾嶸《詩品》是第一部論詩的著作，對後代詩歌的批評有很大的影響。唐司空圖，宋嚴羽、敖陶孫，明胡應麟，清王士禎、袁枚、洪亮吉等人論詩都在觀點上、方法上、或詞句形式上受到他不同程度的啟發和影響。

13 海內知己，天涯比鄰
—— 王勃·唐

生平簡介

姓　　名　王勃。

字　　　　子安。

出 生 地　絳州龍門。

生 卒 年　公元六四九或六五○至六七
　　　　　五或六七六年。

身　　份　詩人。

主要成就　「初唐四傑」之冠。

名家推介

　　王勃（公元 649 或 650-675 或 676），唐代詩人，字子安，絳州龍門（今山西河津）人。王勃的祖父王通是隋末著名學者，號文中子。父親王福畤歷任太常博士、雍州司功等職。

　　王勃與楊炯、盧照鄰、駱賓王齊名，稱「初唐四傑」，其中王勃是「初唐四傑」之冠。王勃的詩今存八十多首，賦和序、表、碑、頌等文，今存九十多篇。

▌名家故事 ────────

　　王勃出身望族，為隋末大儒王通的孫子，王勃小時候很聰慧，從小就能寫詩作賦，世人稱為神童。

　　唐高宗麟德元年仲秋，右宰相劉祥道巡行關內，年方十五的王勃上書劉右相，其中第一條就是抨擊唐王朝的侵略政策，反對討伐高麗。王勃麟德三年科考，被授予朝散郎之職。此時的王勃雖然才十七歲，雖還是一個少年，但由於才華畢露，在那時就與楊炯、盧照鄰、駱賓王齊名並稱為「初唐四傑」。

　　乾封初年，王勃做沛王李賢徵王府侍讀，兩年後因做〈檄英王雞〉一文，被高宗逐出王府。少年得志的王勃經過這樣的打擊，心情是沉重的。總章二年五月，王勃悻悻離開長安，南下入蜀，開始了他將近三年的蜀中漫遊。仕途的挫折，生活的體驗，山川的感召，使王勃寫下了很多抒發自己情懷的詩文，其中主要是朋友間的酬唱，仕途艱難的感歎和一些抒寫鄉思的作品。在蜀期間，朝中曾先後徵召過王勃，王勃都稱病辭謝。

　　咸亨三年王勃返回長安，裴行儉、李敬玄聽說王勃的大名，又數次召用，但王勃不屑一顧，結果觸怒了裴行儉，被斥為「才名有之，爵祿蓋寡」。第二年，王勃聽友人陸季友說虢州很多藥草，他很想去，便設法做了虢州參軍。這是王勃第二次走上仕途，但誰能想到，等待他的卻是第二次沉重的打擊。王勃恃才傲物，在虢州參軍任上與同僚的關係搞得很僵，當時有官奴曹達犯了死罪，王勃不知為什麼卻把他藏到自己府內。後來他又害怕此事洩露出去，就私下把曹達殺了。事情很快被發現，王勃被判死刑而入獄，後又巧遇大赦，免除了死刑。但王勃的父親卻因此事而從雍州司戶參軍的位置上被貶為交趾

令。至於王勃擅殺官奴的具體情況，史無詳載。不過，王勃沒有象第一次廢官後那樣寄情於山川煙霞，而是更珍惜這劫後餘生。

第二年朝廷雖恢復王勃原職，但他決計棄官為民而不就任。在短短的一年多時間裏，王勃完成了祖父王通《續書》所闕十六篇的補闕，寫成二十五卷。撰寫了《周易發揮》五卷、《唐家千歲曆》、《合論》十篇、《百里昌言》十八篇等，同時還創作了大量詩文作品，這是王勃一生中創作最宏富的時期。

上元二年春天，王勃從龍門老家南下，前往交趾看望父親，一路經洛、揚州、江寧。王勃於公元六六七年從京都來到南昌。當時，他的生活比較窮困，無奈常為生計而奔波。這年重陽節，南昌都督閻伯嶼在滕王閣大擺宴席，邀請遠近文人學士為滕王閣題詩作序，王勃自然是其中賓客。在宴會中，王勃寫下了著名的〈滕王閣序〉，接下來寫了序詩：「閒雲潭影日悠悠，物換星移幾度秋。閣中帝子今何在？檻外長江自流。」詩中王勃故意空了一字，然後把序文呈上都督閻伯嶼，便起身告辭。閻大人看了王勃的序文，正要發表溢美之詞，卻發現後句詩空了一個字，便覺奇怪。旁觀的文人學士們你一言我一語，對此發表各自的高見，這個說，一定是「水」字；那個說，應該是「獨」字。閻大人聽了都覺得不能讓人滿意，怪他們全在胡猜，非作者原意。於是，命人快馬追趕王勃，請他把落了的字補上來，待來人追到王勃後，他的隨從說道：「我家公子有言，一字值千金。望閻大人海涵。」來人返回將此話轉告了閻伯嶼，大人心裏暗想：「此分明是在敲詐本官，可氣！」又一轉念，「怎麼說也不能讓一個字空著，不如隨他的願，這樣本官也落個禮賢下士的好名聲。」於是便命人備好紋銀千兩，親自率眾文人學士趕到王勃住處。王勃接過銀子故作驚訝：「何勞大人下問，晚生豈敢空字？」大家聽了覺得不知其意，有

人間道：「那所空之處該當何解？」王勃笑道：「空者，空也。閣中帝子今何在？檻外長江空自流。」大家聽後一致稱妙，閻大人也意味深長地說：「一字千金，不愧為當今奇才。」滕王閣大宴後，王勃繼續南下，於十一月初七到達嶺南都督府所在地南海，第二年秋由廣州渡海赴交趾，不幸溺水而卒，年僅二十七歲，為後世留下〈滕王閣序〉這一傳世名篇。

王勃雖然只活了二十七個春秋，但著述仍很多，王勃的詩文集原有三十卷，現僅存《王子安集》十六卷，存詩八十多首，文章九十多篇，最著名的作品是〈滕王閣序〉。曾撰《漢書指瑕》十卷，《周易發揮》五卷，《次論語》十卷，《舟中纂序》五卷，《千歲曆》若干卷，可惜皆佚失。

▎專家品析

王勃的文學主張崇尚實用，他在扭轉齊梁餘風、開創唐詩上的功勞尤大。在當朝，世人並不公認王勃以及「四傑」的詩文，但他的詩對後世詩人頗有影響，像「海記憶體知己，天涯若比鄰」等名篇佳句都是公認的唐詩極品，而「落霞與孤鶩齊飛，秋水共長天一色」更是千古絕唱。「詩聖」杜甫讚賞「四傑」的詩文是「不廢江河萬古流」。

作為古代一位極富才華的作家，王勃未及而立之年便逝去，實在是中國文學的一大損失。鄭振鐸先生在談到王勃詩歌對後代的貢獻時，滿懷激情地說：「正如太陽神萬千縷的光芒還未走在東方之前，東方是先已布滿了黎明女神的玫瑰色的曙光了。」王勃作為盛唐詩歌的黎明女神是無愧的。

▌代表作品 ────────

滕王閣詩

滕王高閣臨江渚，佩玉鳴鸞罷歌舞；

畫棟朝飛南浦雲，珠簾暮卷西山雨；

閒雲潭影日悠悠，物換星移幾度秋；

閣中帝子今何在，檻外長江空自流！

送杜少府之任蜀州

城闕輔三秦，風煙望五津。與君離別意，同是宦遊人。

海記憶體知己，天涯若比鄰。無為在歧路，兒女共沾巾。

14 七絕聖手，詩家天子

── 王昌齡·唐

▌生平簡介

姓　　名　王昌齡。

別　　名　少伯。

出 生 地　京兆長安（今陝西西安）。

生 卒 年　公元六九〇至七五六年。

身　　份　詩人。

主要成就　後人譽為「七絕聖手」。

▌名家推介

　　王昌齡（公元 698-756），字少伯，盛唐著名邊塞詩人，約生於武則天聖曆元年，約卒於玄宗天寶十五年。王昌齡的籍貫，有太原、京兆兩說。

　　王昌齡有「七絕聖手」、「詩家天子」之稱。與李白、高適、王維、王之渙、岑參等交情深厚。官至秘書省校書郎，代表作有〈出塞〉、〈芙蓉樓送辛漸〉等。

▎名家故事 ─────

　　王昌齡家境比較貧寒，開元十五年進士及第，授秘書省校書郎。開元二十二年，改任汜水縣尉，再遷為江寧丞，約在開元二十五年秋，他獲罪被貶謫嶺南。

　　開元二十八年王昌齡北歸，遊歷襄陽，拜訪著名詩人孟浩然。孟浩然患疽病，快痊癒了，兩人見面後非常高興，孟浩然由於喝酒過多而病復發，竟因此而死，在這時期，王昌齡又結識了大詩人李白，有〈巴陵送李十二〉詩。與孟浩然、李白這樣當時第一流的詩人相見，對王昌齡來說，自是一大樂事，可惜與孟浩然一見，竟成永訣，與李白相見，又都在貶途，因為當時李白正流放夜郎。

　　開元二十八年冬，王昌齡離京赴江寧丞任，此時已與名詩人岑參相識，岑參有〈送王大昌齡赴江寧〉詩，王昌齡也有詩留別。途經洛陽時，又與綦毋潛、李頎等詩人郊遊，也都有詩留世。

　　王昌齡是盛唐詩壇著名詩人，當時即名重一時，被稱為「詩家夫子王江寧」。因為詩名卓著，所以與當時名詩人交遊頗多，交誼很深，除上文談到與李白、孟浩然的交遊外，還同高適、岑參、王之渙、王維、儲光羲、常建等都有交誼。他因數次被貶，在荒僻的嶺南和湘西生活過，也曾來往於經濟較為發達的中原和東南地區，並曾遠赴西北邊地，甚至可能去過碎葉一帶。因他有豐富的生活經歷和廣泛的交遊，對他的詩歌創作大有好處。王昌齡擅長七言絕句，被後世稱為七絕聖手。

　　他的詩風清麗，雖抒情色彩濃郁但不傷其清新明快。各種詩體中，他最擅長七絕。《全唐詩》收錄他的詩作一百八十餘首，七絕即有六十餘首。王昌齡擅長七絕和李白相似，而且他的七絕水準，也不

比李太白差。二人同樣不拘小節，同樣性情瀟灑，只是李白於七絕之外，樣樣皆通，古風、歌行成就尤大。王昌齡用意全在七絕，別的詩體也有佳作，但影響遠不如他的七言絕句。

王、李二人絕句，可稱盛唐獨步，終唐一代，以至宋、元、明、清，可與比肩者，不過二三人而已。王、李七絕，成就相當，但各自的特色分明，色調相近而不相淆。李白七絕，妙在自然，彷彿信口而出，內裏功夫卻大。王昌齡七絕，妙在千錘百鍊，人工造化，渾若天成。若以書法類比，李詩好似張旭草書，雲煙滿紙，規矩自在。王詩如顏柳楷書，雖然有大規矩絕不失之呆板。如他的〈出塞二首〉、〈芙蓉樓送辛漸〉、〈從軍行〉等都膾炙人口，幾乎盡人皆知。其流傳之廣和李白〈早發白帝城〉等七絕名作不相上下，如〈芙蓉樓送辛漸〉：「寒雨連江夜入吳，平明送客楚山孤。洛陽親友如相問，一片冰心在玉壺。」

王昌齡絕句的內容廣泛，有送友、有觀獵、有邊塞、有傷怨、有青樓生活、有宮中舊事、也有根據民歌改化而來的藝術精品，送別詩的數量尤多。他的高明之處在於能把許多不同的送別感受，用不同的文字形象逼真地表現出來。如他的〈別陶副使歸南海〉：「南越歸人夢海樓，廣陵新月海亭秋。寶刀留贈長相憶，當取戈船萬戶侯。」別情豪邁，如同壯軍之酒。他的〈送別魏二〉：「醉別江樓橘柚香，江風引雨入船涼。憶君遙在瀟湘月，愁聽清猿夢裏長。」別情淒苦，情長萬里。他的〈送柴侍御〉：「沅水通流接武岡，送君不覺有離傷。青山一道同雲雨，明月何曾是兩鄉。」別情灑脫，詩裏詩外，皆是安慰。奇在他送別詩必定言月，好像無月不成行。

王昌齡寫詩多寫七絕，寫七絕多寫送別情，在友情二字上是非常有人情味的。很可歎他這麼一位詩才八斗情重千金的人物，竟然一生

仕途如此坎坷不平，可見盛唐之氣是要出毛病了。果然在他五十多歲的時候，便遇了上戰亂。盛唐元氣劇傷，從此無法恢復。他也因為動亂而還歸故里，竟被刺史閭丘曉因忌而殺。然而，善有善報，惡有惡報，自古而然。為時不久，張鎬軍兵進河南，命閭丘曉馳援張巡的許遠城。偏這閭賊畏敵如鼠，逡巡不前，被張鎬殺了，臨刑前，他哀告張鎬，說家中親老無人贍養。張鎬對他說：「王昌齡家中就沒有親老嗎？他們靠誰贍養？」殺了閭丘曉，對王昌齡在天之靈，可以一慰。但於中國文學史，縱然殺一萬個閭丘曉，又怎能消除失去王昌齡的千古遺恨。

王昌齡是盛唐時享有盛譽的一位詩人。殷璠《河嶽英靈集》把他舉為體現「風骨」的代表，讚譽他的詩為「中興高作」，選入的數量也為全集之冠，這些都可見他在詩壇上的地位。

《全唐詩》對昌齡詩的評價是「緒密而思清」，他的七絕詩尤為出色，故被冠之以「七絕聖手」的名號。尤其是他的邊塞詩，流暢通脫，高昂向上，深受後人推崇。

▎專家品析

王昌齡的邊塞詩充分體現了他的愛國主義、英雄主義精神，另外還深深蘊含了詩人對下層人民的人文關懷，體現了詩人廣闊的視野和博大的胸懷。王昌齡在寫作方式上擅長以景喻情，情景交融。這本是邊塞詩所最常用的結構，但是詩人運用最簡練的技巧，於這情境之外又擴大出一個更為廣闊的視野，在最平實無華的主題之中凝練出貫穿於時間與空間中永恆的思考。最具代表的作品是〈出塞〉。

▌代表作品 ─────

出塞

秦時明月漢時關，萬里長征人未還。
但使龍城飛將在，不教胡馬度陰山。

從軍行

青海長雲暗雪山，孤城遙望玉門關。
黃沙百戰穿金甲，不破樓蘭終不還。

芙蓉樓送辛漸

寒雨連江夜入吳，平明送客楚山孤。
洛陽親友如相問，一片冰心在玉壺。

15 青蓮居士，詩仙著稱

—— 李白·唐

生平簡介

姓　　名	李白。
別　　名	李太白、青蓮居士。
出 生 地	蜀郡綿州昌隆縣、一說西域碎葉。
生 卒 年	公元七〇一至七六二年。
身　　份	詩人。
主要成就	創造了古代積極浪漫主義文學高峰、為唐詩的繁榮與發展打開了新局面。

名家推介

　　李白（公元 701-762），字太白，號青蓮居士。漢族，祖籍隴西郡成紀縣（今甘肅省平涼市靜寧縣南），出生於蜀郡綿州昌隆縣（今四川省江油市青蓮鄉），一說生於西域碎葉（今吉爾吉斯斯坦托克馬克）。

　　中國唐朝詩人，有「詩仙」之稱，是偉大的浪漫主義詩人。存世詩文千餘篇，代表作有〈蜀道難〉、〈行路難〉、〈夢遊天姥吟留別〉、

〈將進酒〉等詩篇,有《李太白集》傳世。公元七六二年病卒,享年六十一歲,其墓在安徽當塗,四川江油、湖北安陸有紀念館。

▌名家故事

唐玄宗繼位後,經常出去狩獵,每次都帶外國使臣同去,耀武揚威,以此震懾鄰國。開元二十三年,玄宗又有一次狩獵,正好李白也在西遊,於是寫了一篇〈大獵賦〉獻給玄宗,希望能博得玄宗的賞識。〈大獵賦〉契合玄宗當時崇尚道教的心情。李白西來的目的是獻賦,另外,也趁此遊覽一下長安,領略這座「萬國朝拜」的帝京風光。

李白進長安後結識了衛尉張卿,並通過他向玉真公主獻了詩,最後兩句說「何時入少室,王母應相逢」,是祝她入道成仙。

天寶元年,由於玉真公主和賀知章的交口稱讚,玄宗看了李白的詩賦,對其十分仰慕,便召李白進宮。李白進宮朝見那天,玄宗降輦步迎,玄宗問到一些當世事務,李白憑半生飽學及長期對社會的觀察,胸有成竹,對答如流。玄宗大為讚賞,隨即令李白供奉翰林,職務是草擬文告,陪侍皇帝左右。玄宗每有宴請或郊遊,必命李白侍從,利用他敏捷的詩才,賦詩紀實。雖非記功,也將其文字流傳後世,以盛況向後人誇示。李白受到玄宗如此的寵信,同僚不勝豔羨,但也有人因此而產生了嫉恨之心。

在長安時,李白除了供奉翰林、陪侍君王之外,也經常在長安市上行走。他發現國家在繁榮的景象中,正蘊藏著深重的危機,那便是最能夠接近皇帝的專橫的宦官和驕縱的外戚他們如烏雲一般籠罩著長

安，籠罩著全國，給李白以強烈的壓抑感，朝政的腐敗、同僚的詆毀，使李白不勝感慨。

天寶三年的夏天，李白到了東都洛陽。他遇到懷才不遇的杜甫，中國文學史上最偉大的兩位詩人見面了。此時，李白已名揚全國，而杜甫風華正茂，卻困守洛城。李白比杜甫年長十一歲，但他並沒有以自己的才名在杜甫面前倨傲，杜甫也沒有在李白面前一味低頭稱頌。兩人以平等的身份，建立了深厚的友情。在洛陽時，他們約好下次在梁宋會面，訪道求仙。

同年秋天，兩人如約到了梁宋。兩人在此抒懷遣興，借古評今。他們還在這裏遇到了詩人高適，高適此時也還沒有祿位，三人各有大志，理想相同。三人暢遊甚歡，評文論詩，縱談天下大勢，都為國家的隱患而擔憂。這時的李、杜都值壯年，此次兩人在創作上的切磋對他們今後產生了積極影響。

天寶十四年，安史之亂爆發，李白避居廬山。幾經輾轉李白成了駐紮在潯陽的宋若思的幕僚，為宋寫過一些文表，並跟隨他到了武昌。李白在宋若思幕下很受重視，並以宋的名義再次向朝廷推薦，希望再度能得到朝廷的任用。但不知什麼原因，後來不但未見任用，反被長期流放夜郎（今貴州），完全出乎意料。至德二年冬，李白由潯陽道前往流放之地夜郎。因為所判的罪是長流，即將一去不返，而李白此時已屆暮年，不由更覺憂傷。

乾元二年，李白行至巫山，朝廷因關中遭遇大旱，宣佈大赦，規定死者從流，流以下完全赦免。這樣，經過長期的輾轉流離，李白終於獲得了自由。他隨即順著長江疾駛而下，而那首著名的〈早發白帝城〉最能反映他當時的心情。到了江夏，由於老友良宰正在當地做太守，李白便逗留了一陣。乾元二年，李白應友人之邀，再次與被謫貶

的賈至泛舟賞月於洞庭之上，引發思古之幽情，賦詩抒懷。不久，又回到宣城、金陵舊遊之地。差不多有兩年的時間，他往來於兩地之間，依然依靠他人周濟為生。上元二年，已六十歲出頭的李白因病返回金陵。在金陵他的生活相當窘迫，不得已只好投奔了在當塗做縣令的族叔李陽冰。上元三年，李白病重，在病榻上把手稿交給了李陽冰，賦〈臨終歌〉而與世長辭，終年六十一歲。

李白一生不以功名顯露，卻清高自詡，以布衣之身來藐視權貴，肆無忌憚地嘲笑以政治權力為中心的等級秩序，批判腐敗的政治現象，以大膽反抗的姿態，推進了盛唐文化中的英雄主義精神。李白反權貴的思想意識，以詩人的敏感，洞察微細，在當時詩人中他和杜甫最早揭示禍亂將起。「安史之亂」的爆發，他的愛國熱情因此昇華，擺脫了自身思想的束縛矛盾，他的反抗性格和叛逆精神具有深刻的愛國內涵，並富於社會意義和時代特徵。

李白既有清高傲岸的一面，又有庸俗卑恭的一面，他的理想和自由，只能到山林、仙境、醉鄉中去尋求，所以在〈將進酒〉、〈江上吟〉、〈襄陽歌〉等詩中流露出人生如夢、及時行樂、逃避現實等消極頹廢思想，這在封建社會正直孤傲的文人中普遍具有的代表性。

▋專家品析

李白自由解放的思想情操和具有平民傾向的個性，使他能更深入地開掘社會生活中的各種人性美，這裏有對和平生活的嚮往之情，有對勞動生活的讚美之情。

李白是中國詩人中的游俠。這位偉大的漂泊者用他的雙腳和詩筆

豐富了大唐的山水人情，他的大筆橫掃，狂飆突進，於是，洞庭煙波、赤壁風雲、蜀道猿啼、浩蕩江河，全都一下子飛揚出來。在詩中，詩人靈動飛揚，豪氣縱橫，像天上的雲氣；他神游八極，自由馳騁，像原野上的奔馳的駿馬。在詩裏，詩人一掃世俗的塵埃，完全恢復了他僊人的姿態。他的浪漫、癲狂、愛恨情仇、寂寞與痛苦、夢與醒，他的豪俠義氣，他的漂泊，全都達到了藝術的巔峰。

▌代表作品 ——————

名句摘錄

1· 長風破浪會有時，直掛雲帆濟滄海。

2· 抽刀斷水水更流，舉杯消愁愁更愁。

3· 天生我材必有用，千金散盡還復來。

4· 兩岸青山相對出，孤帆一片日邊來。

5· 孤帆遠影碧空盡，唯見長江天際流。

6· 飛流直下三千尺，疑是銀河落九天。

7· 安能摧眉折腰事權貴，使我不得開心顏。

8· 大鵬一日同風起，扶搖直上九萬里。

16 憂國憂民，一代詩聖

—— 杜甫·唐

姓　　名　杜甫。

別　　名　少陵野老、杜陵布衣。

尊稱：詩聖。

出 生 地　河南鞏縣（今鞏義市）。

生 卒 年　公元七一二至七七〇年。

身　　份　詩人。

主要成就　現實主義詩歌創作。

▌名家推介 ————

　　杜甫（公元 712-770），字子美，自號少陵野老，漢族，祖籍襄州襄陽（今湖北襄陽），一般認為出生於鞏縣（今河南鞏義）。

　　唐肅宗時，官任左拾遺。後入蜀，任劍南節度府參謀、檢校工部員外郎。故後世又稱他杜拾遺、杜工部。他一生憂國憂民，人格高尚。

　　他是盛唐時期偉大的現實主義詩人，代表作有「三吏」、「三別」等，一生寫詩一千五百多首，詩藝精湛，被後世尊稱為「詩聖」。

▍名家故事 ────────

開元十九年,二十歲的杜甫開始漫遊吳越,五年之後回到洛陽應考舉人而落第,之後杜甫再漫遊齊趙大地,在洛陽相遇李白,兩人相見恨晚,從此結下了深厚友誼,繼而又遇到高適,三人同遊梁、宋(今開封、商丘),後來李、杜又到齊州,分手後又相見在東魯一帶,這次分別便是「詩仙」與「詩聖」的最後一次相見。

這一時期,杜甫在長安應試,再次落第。當朝宰相李林甫為了達到權傾朝野的目的,竟然向唐玄宗說無人中舉。最後杜甫才得到右衛率府冑曹參軍(主要是看守兵甲仗器,庫府鎖匙的小官)的職位。這期間他寫了〈兵車行〉、〈麗人行〉等批評時政、諷刺權貴的詩篇。而〈自京赴奉先縣詠懷五百字〉尤為著名,標誌著他經歷十年長安困苦生活後對朝廷政治、社會現實的認識達到了新的高度。唐玄宗在七五一年正月接連舉行了三個盛典,杜甫藉此機會寫成了三篇〈大禮賦〉,但杜甫還是未得重用。唐肅宗乾元元年六月至乾元二年秋,任華州司功參軍。

到華州後,杜甫心情十分苦悶和煩惱。他常常獨自出遊西溪畔的鄭縣亭子,以排解憂悶。他在〈題鄭縣亭子〉、〈早秋苦熱堆案相仍〉、〈獨立〉和〈瘦馬行〉等詩中,抒發了對仕途失意、世態炎涼、奸佞進讒的感歎和憤懣。

安史之亂爆發,潼關失守,杜甫把家安置在鄜州,獨自去投唐肅宗,中途為安史叛軍俘獲,押到長安。他面對混亂的長安,聽到官軍一再敗退的消息,寫成〈月夜〉、〈春望〉、〈哀江頭〉等詩。後來他潛逃到鳳翔,做了唐肅宗一朝的左拾遺,由於他忠言直諫,上書為宰相房琯被貶華州司功參軍一事進行申辯,為房琯無罪辯護,唐肅宗大

怒，要問罪於杜甫。

隨著九節度官軍在相州大敗和關輔饑荒，杜甫棄官，攜家人隨百姓逃難，經秦州、同穀等地到了成都，過了一段比較安定的生活。嚴武入朝，蜀中軍閥作亂，他漂流到梓州、閬州。後嚴武為劍南節度使駐紮成都，杜甫投靠嚴武，嚴武死了，他再度漂泊，在夔州住兩年，又漂流到湖北、湖南一帶，病死在湘江上。這時期，他的作品有〈春夜喜雨〉、〈茅屋為秋風所破歌〉、〈蜀相〉、〈聞官軍收河南河北〉、〈登高〉、〈登岳陽樓〉等大量名作。其中最為著名的詩句為：「安得廣廈千萬間，大庇天下寒士俱歡顏。」而〈登高〉中的「無邊落木蕭蕭下，不盡長江滾滾來」更是千古絕唱。

杜甫是我國唐代偉大的現實主義詩人、世界文化名人。經歷了唐代的由盛到衰的過程，因此，與詩仙李白相比，杜甫更多的是對國家的憂慮及對老百姓的困難生活的同情。杜甫曾任左拾遺、檢校工部員外郎，因此後世稱其杜工部。

他的思想核心是儒家思想。他有安邦定國的宏偉抱負。他熱愛生活，心繫百姓，熱愛祖國的大好河山。他嫉惡如仇，對朝廷的腐敗、社會生活中的黑暗現象都給予批評和揭露，因而被譽為「詩史」。杜甫憂國憂民，人格高尚，詩藝精湛。杜甫一生寫詩一千五百多首，其中很多是傳頌千古的名篇，比如「三吏」和「三別」，並有《杜工部集》傳世。杜甫的詩篇流傳數量是唐詩裏最多最廣泛的，是唐代最傑出的詩人之一，對後世影響深遠。

清初文學評論家金聖歎把杜甫所作之詩，與屈原的《離騷》、莊周的《莊子》、司馬遷的《史記》、施耐庵的《水滸傳》、王實甫的《西廂記》，合稱「六才子書」。在當代，杜甫對國家的忠心和對人民的關切被重新詮釋為民族主義和社會主義的含義，而他本人因為使用

「人民的語言」而受到現代研究者的讚賞。

　　杜甫對後人的影響還有道德方面的。杜甫不只在中國流名，還揚名海外。二十世紀，美國現代詩人雷克斯羅斯認為杜甫所關心的是人跟人之間的愛，人跟人之間的寬容和同情：「我的詩歌毫無疑問地主要受到杜甫的影響。我認為他是有史以來在史詩和戲劇以外的領域裏最偉大的詩人，在某些方面他甚至超過了莎士比亞和荷馬，至少他更加自然和親切。」

▌專家品析 ────────

　　杜甫的詩詞以古體、律詩見長，風格多樣，以「沉鬱頓挫」四字準確概括出他自己的作品風格，而以沉鬱為主。其詩多涉筆社會動盪、政治黑暗、人民疾苦，他的詩反映當時社會矛盾和人民疾苦，因而被譽為「詩史」。杜甫憂國憂民，人格高尚，詩藝精湛。其中「三吏」為〈石壕吏〉、〈新安吏〉和〈潼關吏〉，「三別」為〈新婚別〉、〈無家別〉和〈垂老別〉。杜甫的詩篇流傳數量是唐詩裏最多最廣泛的，是唐代最傑出的詩人之一，對後世影響深遠。

▌代表作品 ────────

名句摘錄

1·讀書破萬卷，下筆如有神。

2·朱門酒肉臭，路有凍死骨。

3‧感時花濺淚，恨別鳥驚心。烽火連三月，家書抵萬金。

4‧無邊落木蕭蕭下，不盡長江滾滾來。

5‧安得廣廈千萬間，大庇天下寒士俱歡顏，風雨不動安如山。嗚
　呼！何時眼前突兀見此屋，吾廬獨破受凍死亦足！

17 八家之首，百代文宗
—— 韓愈·唐

生平簡介

姓　　名　韓愈。

字　　　　退之。

出 生 地　河內河陽（今河南孟縣）。

生 卒 年　公元七六八至八二四年。

身　　份　詩人。

主要成就　散文內容豐富，形式多樣，
語言鮮明簡練，新穎生動，
為古文運動樹立了典範。

名家推介

　　韓愈（公元 768-824），字退之，漢族，唐河內河陽（今河南孟縣）人。自號郡望昌黎，世稱韓昌黎。

　　他是唐代古文運動的宣導者，與柳宗元、歐陽修、王安石、蘇軾、蘇轍、蘇洵（合稱為三蘇）、曾鞏合稱為「唐宋八大家」，唐宋八大家之首，與柳宗元並稱「韓柳」，有「文章巨公」和「百代文宗」之名，著有《韓昌黎集》四十卷、《外集》十卷、〈師說〉等。

▌名家故事

　　唐貞元二年韓愈十九歲，懷著經世之志進京參加進士考試，一連三次均失敗，直至貞元八年第四次進士考試才考取。按照唐律，考取進士以後還必須參加吏部博學宏辭科考試，韓愈又三次參加吏選，但都失敗；三次給宰相上書，沒有得到一次回覆；三次登權者之門，均被拒之門外。

　　貞元十二年七月，韓愈二十九歲，受董晉推薦，出任宣武軍節度使觀察推官，這是韓愈從政開始。韓愈在任觀察推官三年中，邊指導李翱、張籍等青年學文，邊利用一切機會，極力宣傳自己對散文革新的主張。

　　貞元十六年冬，韓愈第四次參加吏部考試，第二年通過甄選。這時期寫的〈答李翊書〉，闡述自己把古文運動和儒學復古運動緊密結合在一起的主張，這是韓愈發起開展古文運動的代表作。這年秋末，韓愈時年三十四歲，被任命為國子監四門博士，這是韓愈步入京師政府機構任職的開端，任職四門博士期間，積極推薦文學青年，敢為人師，廣授門徒，人稱「韓門第子」。

　　貞元十九年寫了名作〈師說〉，系統提出師道的理論。同年冬天，韓愈晉升為監察御史，在任不過兩個月，為了體恤民情，忠於職守，上書〈論天旱人饑狀〉，因遭權臣讒害，貶官連州陽山令。韓愈任職陽山令三年，深入民間，參加山民耕作和魚獵活動，在陽山令任上，一大批青年慕名投奔韓愈門下，他與青年學子吟詩論道，詩文著作頗豐，著作見於《昌黎文集》有古詩二十餘首，古文數篇。後來構思並開始著述的〈原道〉等篇章，構成韓學重要論著「五原」學說，這是唐宋時期新儒學的先聲，其理論建樹影響巨大。

　　元和八年，韓愈晉升為比部郎中史館修選，完成《順宗實錄》著名史書編寫。元和十年，晉升為中書舍人。元和十二年，協助宰相裴度，以行軍司馬身份，平定淮西叛亂，因軍功晉授刑部侍郎。

　　元和十四年，憲宗皇帝派遣使者去鳳翔迎佛骨，京城一時間掀起信佛狂潮，韓愈不顧個人安危，毅然上〈論佛骨表〉，痛斥佛之不可信，要求將佛骨投入水火，永絕後患。憲宗得表，龍顏震怒，要處以極刑。幸好宰相裴度及朝中大臣極力說情，免得一死，貶為潮州刺史。韓愈任潮州刺史八個月，概括說來：驅鱷魚、為民除害；請教師，辦鄉校；計庸抵債，釋放奴隸；率領百姓，興修水利，排澇灌溉。

　　元和十五年九月，韓愈被調任國子監祭酒。長慶元年七月，韓愈轉任兵部侍郎。長慶二年他單身匹馬，冒著風險赴鎮州宣慰亂軍，史稱「勇奪三軍帥」，不費一兵一卒，化干戈為玉帛，平息鎮州之亂。九月轉任吏部侍郎。長慶三年六月，韓愈晉升為京兆尹兼御史大夫。京兆之地在韓愈整治下，社會安定，盜賊斷絕，米價平穩。後相繼調任兵部侍郎、吏部侍郎。長慶四年，韓愈因病告假，十二月二日，因病卒於長安，終年五十七歲。

　　韓愈墓位於河南省焦作孟州市孟縣城西六公里韓莊村北半嶺坡上。此地北望太行，南臨黃河，是一片丘陵地帶。墓冢高大，有磚石圍牆，翠柏翁鬱，芳草芨芨，棗樹成林。墓前有韓愈祠，韓愈雕像坐於祠中，始建於唐敬宗寶曆元年，祠內共有石碑十三通，記載有韓愈生平事蹟等。墓前院內有古柏兩株，相傳為唐代栽植，有清乾隆年間孟縣知縣仇汝瑚碑記「唐柏雙奇」。左株高五丈，圍一丈二；右株高四丈，圍一丈一。一九八六年十一月，成為河南省文物保護單位。

▌專家品析

韓愈為唐宋八大家之首。杜牧把韓文與杜詩並列，稱為「杜詩韓筆」；蘇軾稱他「文起八代之衰」。韓柳宣導的古文運動，開闢了唐以來古文的發展道路。韓詩力求新奇，重氣勢，有獨創之功。韓愈以文為詩，把新的古文語言、章法、技巧引入詩壇，增強了詩的表達功能，擴大了詩的領域，糾正了大曆以來的平庸詩風。

韓愈反映人民疾苦的詩篇，在數量上雖然不及杜甫和白居易，但他的詩歌既有深切同情人民苦難、揭露統治集團罪惡的篇章，也有不少是反對藩鎮割據、維護國家統一的佳作，更有猛烈抨擊佛、道二教危害之作，還有指斥當權者壓抑人才，抒發懷才不遇的作品。這些都從不同方面較為深刻地反映了中唐時期社會的重大生活，有強烈的戰鬥性，應該說也是現實主義的優秀作品。

▌代表作品

《昌黎文集》是韓愈的散文合集，其風格雄健奔放，曲折自如。其作品大致可分為以下幾類：

論說文，可分為兩類，一是宣揚道統和儒家思想；另一類重在反映現實，而且不少文章有一種反流俗、反傳統的力量，並在行文中夾雜著強烈的感情傾向。

雜文，與論說文相比，最可矚目的是那些嘲諷現實、議論犀利的精悍短文。

序文，大都言簡意賅，別出心裁，表現對現實社會的各種感慨。

傳記、抒情散文，韓愈的傳記文繼承《史記》傳統，敘事中刻畫人物，議論、抒情妥帖巧妙。

18 膾炙人口，訴民疾苦

—— 白居易・唐

▌生平簡介

姓　　名　白居易。

別　　名　白樂天、香山居士。

出 生 地　河南新鄭市（今鄭州新鄭）。

生 卒 年　公元七七二至八四六年。

身　　份　詩人。

主要成就　在文學上積極宣導新樂府運
動、寫下了不少反映人民疾
苦的詩篇。

▌名家推介

　　白居易（公元 772-846），漢族，字樂天，晚年又號香山居士，河
南新鄭（今鄭州新鄭）人，中國唐代偉大的現實主義詩人，中國文學
史上負有盛名且影響深遠的詩人和文學家。

　　他的詩歌題材廣泛，形式多樣，語言平易通俗，有「詩魔」和
「詩王」之稱。官至翰林學士、左贊善大夫。有《白氏長慶集》傳世，
代表詩作有〈長恨歌〉、〈賣炭翁〉、〈琵琶行〉等。

▌名家故事

　　白居易貞元十六年中進士，十九年春，授秘書省校書郎。元和元年，被罷校書郎，撰〈策林〉七十五篇，作〈觀刈麥〉、〈長恨歌〉、〈池上〉等詩篇。元和二年回朝任職，十一月授翰林學士，次年任左拾遺。四年，與元稹、李紳等宣導新樂府運動。五年，改京兆府戶曹參軍。他此時仍充任翰林學士，草擬詔書，參與國政。他能不畏權貴近臣，直言上書論事。元和六年，他因母喪守喪，期滿後再次應詔回京任職。

　　白居易四十四歲被貶江州司馬為界，可分為前後兩期。前期是兼濟天下時期，後期是獨善其身時期。元和十年六月，白居易四十四歲時，宰相武元衡和御史中丞裴度遭人暗殺，武元衡當場身死，裴度受了重傷。對如此大事，當時掌權的宦官集團和舊官僚集團居然保持鎮靜，不急於處理。白居易十分氣憤，便上書力主嚴緝兇手，以肅法紀。可是那些掌權者非但不褒獎他熱心國事，反而說他是東宮官，搶在諫官之前議論朝政是一種僭越行為，於是被貶謫為江州刺史。

　　貶官江州給白居易以沉重打擊，早年的佛道思想滋長。三年後由於好友崔群的幫助他升任忠州刺史。元和十五年，唐憲宗暴死在長安，唐穆宗繼位，穆宗愛他的才華，把他召回了長安，先後做司門員外郎、主客郎中知制誥、中書舍人等。但當時朝中很亂，大臣間爭權奪利，明爭暗鬥；穆宗政治荒怠，不聽勸諫。於是他極力請求外放，穆宗長慶二年出任杭州刺史，杭州任滿後任蘇州刺史，晚年以太子賓客分司東都。此時的白居易比起前期來，他消極多了，但他畢竟是一個曾經有所作為的、積極為民請命的詩人，此時的一些詩，仍然流露了他憂國憂民之心。他仍然勤於政事，作了不少好事，如他曾經疏濬

李泌所鑿的六井，解決人民的飲水問題；他在西湖上築了一道長堤，蓄水灌田，並寫了一篇通俗易懂的〈錢塘湖石記〉，刻在石上，告訴人們如何蓄水泄水，這就是有名的「白堤」。

白居易和李白、杜甫一樣也嗜酒成性。他喝酒時，有時是獨酌，如在蘇州當刺史時，因公務繁忙，用酒來排遣，他是以一天酒醉來解除九天辛勞的。他說：「不要輕視一天的酒醉，這是為消除九天的疲勞。如果沒有九天的疲勞，怎麼能治好州里的百姓？如果沒有一天的酒醉，怎麼能娛樂自己的身心？」他是用酒來和勞動進行結合的。白居易造酒的歷史不但有記載，而且直到今天，還有「白居易造酒除夕賞鄉鄰」的故事在渭北一代流傳。

白居易是中唐時期的大詩人，他的詩歌主張和詩歌創作，以其對通俗性、寫實性的突出強調和全力表現，在中國詩史上佔有重要的地位。在白居易自己所分的諷喻、閒適、感傷、雜律四類詩中，前二類體現著他兼濟天下、獨善其身之道，所以最受重視。而他的詩歌主張，也主要是就早期的諷諭詩的創作而發的。他的詩歌強調了語言質樸通俗；議論直白顯露；寫事絕假純真；形式流利暢達，具有歌謠色彩。也就是說，詩歌必須既寫得真實可信，又淺顯易懂，才算達到了極致。

〈琵琶行〉與〈長恨歌〉是白居易寫得最成功的作品，其藝術表現上的突出特點是抒情因素的強化。與此前的敘事詩相比，這兩篇作品雖也用敘述、描寫來表現事件，但卻把事件簡到不能再簡，只用一個中心事件和兩三個主要人物來結構全篇，諸如頗具戲劇性的馬嵬坡事變，作者寥寥數筆即將之帶過，而在最便於抒情的人物心理描寫和環境氣氛渲染上，則潑墨如雨，務求盡情，即使〈琵琶行〉這種在樂聲摹寫和人物遭遇敘述上著墨較多的作品，也是用情把聲和事緊緊聯

結在一起，聲隨情起，情隨事遷，使詩的進程始終伴隨著動人的情感力量。除此之外，這兩篇作品的抒情性還表現在以精選的意象來營造恰當的氛圍、烘託詩歌的意境上。如〈長恨歌〉中「行宮見月傷心色，夜雨聞鈴腸斷聲」，〈琵琶行〉中「楓葉荻花秋瑟瑟」「別時茫茫江浸月」等類詩句，或將淒冷的月色、淅瀝的夜雨、斷腸的鈴聲組合成令人銷魂的場景，或以瑟瑟作響的楓葉、荻花和茫茫江月構成哀涼孤寂的畫面，其中透露的悽楚、感傷、悵惘的情感，詩中人物、事件統統染色，也使讀者面對如此意境、氛圍而心靈搖盪不能自己。

▌專家品析

　　白居易的思想，綜合儒、佛、道三家。立身行事，以儒家「達則兼濟天下，窮則獨善其身」。其「兼濟」之志，以儒家仁政為主。因此，詩歌創作不能離開現實，必須取材於現實生活中的各種事件，反映一個時代的社會政治狀況。他繼承了《詩經》以來的比興傳統，重視詩歌的現實內容和社會作用，強調詩歌揭露、批評政治弊端的功能，他在詩歌表現方法上提出一系列原則。

　　他的這種詩歌理論對於促使詩人正視現實，關心民生疾苦，是有進步意義的。對大曆以來逐漸偏重形式的詩風，很有針砭作用。但過分強調詩歌創作服從於現實政治的需要，也勢必束縛詩歌的藝術創造和風格的多樣化。

▎代表作品 ——————

　　白居易的主要作品有：〈長恨歌〉、〈琵琶行〉、〈賣炭翁〉、〈賦得古原草送別〉、〈錢塘湖春行〉、〈暮江吟〉、〈憶江南〉、〈大林寺桃花〉、〈同李十一醉憶元九〉、〈直中書省〉、〈長相思〉、〈題岳陽樓〉、〈觀刈麥〉、〈宮詞〉、〈問劉十九〉、〈買花〉、〈自河南經亂關內阻饑兄弟離散各在一處因望〉等。

19 河東先生，文采出眾
—— 柳宗元‧唐

生平簡介

姓　　名	柳宗元。
別　　名	柳柳州、柳河東。
出 生 地	長安（今陝西省西安市）。
生 卒 年	公元七七三至八一九年。
身　　份	文學家、哲學家、散文家和思想家。
主要成就	一生留詩文作品達六百餘篇，與韓愈宣導古文運動，「唐宋八大家」之一。

名家推介

　　柳宗元（公元 773-819），字子厚，山西運城人，世稱「柳河東」、「河東先生」。漢族，祖籍河東（今山西省運城、芮城一帶）。

　　柳宗元是唐代文學家、哲學家、散文家和思想家，與韓愈共同宣導唐代古文運動，並稱為「韓柳」，與劉禹錫並稱「劉柳」，與王維、孟浩然、韋應物並稱「王孟韋柳」，與唐代的韓愈、宋代的歐陽修、蘇洵、蘇軾、蘇轍、王安石和曾鞏並稱為「唐宋八大家」。

▍名家故事 ────

　　貞元九年春，二十歲的柳宗元考中進士，同時中進士的還有他的好友劉禹錫。貞元十二年柳宗元任秘書省校書郎，算是步入官場。同年調為集賢殿書院正字，他得以博覽群書開闊眼界，同時也開始接觸朝臣官僚，了解官場情況，並關心、參與政治。到集賢殿書院的第一年，他便寫了〈國子司業陽城遺愛碑〉，頌揚了在朝政大事上勇于堅持己見的諫議大夫陽城，第二年寫了〈辯侵伐論〉，表明堅持統一、反對分裂的強烈願望。

　　貞元十七年，柳宗元調為藍田尉，兩年後又調回長安任監察御史裏行，時年三十一歲，與韓愈同官，官階雖低，但職權並不下於御史，從此與官場上層人物交遊更廣泛，對政治的黑暗腐敗有了更深入的了解，逐漸萌發了　要求改革的願望，成為王叔文革新派的重要人物。

　　王叔文、王伾的永貞革新，雖只有半年時間便宣告失敗，但卻是一次震動全國的進步運動，所實行的措施打擊了當時專橫跋扈的宦官和藩鎮割據勢力，利國利民，順應了歷史的發展。柳宗元與好友劉禹錫是這場革新的核心人物，被稱為「二王劉柳」。年輕的柳宗元在政治舞臺上同宦官、豪族、舊官僚進行了尖銳的鬥爭。

　　憲宗繼位，柳宗元九月便被貶為邵州刺史，行未半路，又被加貶為永州司馬。柳宗元被貶後，政敵們仍不肯放過他。造謠誹謗，人身攻擊，把他醜化成「怪民」，而且幾年後，也還罵聲不絕。由此可見保守派恨他的程度。在永州，殘酷的政治迫害，艱苦的生活環境，使柳宗元悲憤、憂鬱、痛苦，加之幾次無情的火災，嚴重損害了他的健康，貶謫生涯所經受的種種迫害和磨難，並未能動搖柳宗元的政治理

想。

　　永州一貶就是十年，這是柳宗元人生一大轉折。永州十年，他廣泛研究古往今來關於哲學、政治、歷史、文學等方面的一些重大問題，撰文著書，〈封建論〉、〈非〈國語〉〉、〈天對〉、〈六逆論〉等著名作品，大多是在永州完成的。

　　唐元和十四年柳宗元在柳州病逝。柳宗元雖然活了不到五十歲，卻在文學上創造了光輝的業績，在詩歌、辭賦、散文、遊記、寓言、小說、雜文以及文學理論諸方面，都做出了突出的貢獻。柳宗元一生留下六百多篇詩文作品，其詩多抒寫抑鬱悲憤、思鄉懷友之情，幽峭峻郁，自成一路。最為世人稱道的是那些清深意遠、疏淡峻潔的山水閒適之作。

　　柳宗元的詩，有一百四十餘首，在大家輩出、百花爭豔的唐代詩壇上，是存詩較少的一個，但卻多有傳世之作。他在自己獨特的生活經歷和思想感受的基礎上，借鑑前人的藝術經驗，發揮自己的創作才華，創造出一種獨特的藝術風格，成為代表當時一個流派的傑出詩才。

　　柳宗元的散文，與韓愈齊名，堪稱中國歷史上最傑出的散文家。唐中葉，柳宗元和韓愈在文壇上發起和領導了一場古文運動。他們提出了一系列思想理論和文學主張。在文章內容上，針對駢文不重內容、空洞無物的弊病，提出「文道合一」、「以文明道」，要求文章反映現實，「不平則鳴」，富於革除時弊的批判精神。文章形式上，提出要革新文體，突破駢文束縛，句式長短不拘，並要求革新語言。此外，還指出先「立行」再「立言」，這是一種進步的文學主張。韓柳二人在創作實踐中身體力行，創作了許多內容豐富、技巧純熟、語言精練生動的優秀散文，韓柳的古文運動對後世產生了深遠的影響。

柳宗元的寓言繼承並發展了《莊子》、《韓非子》、《呂氏春秋》、《列子》、《戰國策》傳統，多用來諷刺、抨擊當時社會的醜惡現象。推陳出新，造意奇特，善用各種動物擬人化的藝術形象寄寓哲理或表達政見。代表作有〈三戒〉（〈臨江之麋〉、〈黔之驢〉、〈永某氏之鼠〉）、〈傳〉、〈羆說〉、〈捕蛇者說〉等篇，嬉笑怒　，因物肖形，表現了高度的幽默諷刺藝術。

柳宗元的遊記最為膾炙人口，作品既有借美好景物寄寓自己的遭遇和怨憤；也有幽靜心境的描寫，表現在極度苦悶中轉而追求精神的寄託。至於直接刻畫山水景色，或峭拔峻潔、或清邃奇麗，以精巧的語言再現自然美。

▍專家品析 ————

柳宗元重視文章的內容，主張文以明道，認為「道」應於國於民有利，切實可行。他注重文學的社會功能，強調文須有益於世。他提倡思想內容與藝術形式的完美結合，指出寫作必須持認真嚴肅的態度，強調作家道德修養的重要性。他推崇先秦兩漢文章，提出要向儒家經典及《莊子》、《老子》、《離騷》、《史記》等學習借鑒，博長棄短，但又不能厚古薄今。在詩歌理論方面，他繼承了劉勰標舉「比興」和陳子昂提倡「興寄」的傳統。與白居易關於諷喻詩的主張一致。他的詩文理論，代表著當時文學運動的進步傾向。

柳宗元是卓越的散文家，他和韓愈是古文運動的兩位主要宣導者。他的山水遊記、寓言小品以及其它古體文章都很有名。在詩歌方面，也卓然成家。他的詩今存一百六十四首，大都抒寫貶謫生活感受

和對山水景物的欣賞，時時流露出憤懣不平的情緒。他的古詩大都描寫自然山水，運思精密，著力於字句的選擇和錘鍊，創造出峻潔、澄澈的境界。

代表作品

柳宗元代表作品：《永州八記》、《柳河東集》、《柳宗元集》。他一生留詩文作品達六百餘篇，其文的成就大於詩。其詩多抒寫抑鬱悲憤、思鄉懷友之情，幽峭峻郁，自成一路。最為世人稱道者，是那些清深意遠、疏淡峻潔的山水閒適之作。駢文有近百篇，散文論說性強，筆鋒犀利，諷刺辛辣。遊記寫景狀物，多所寄託。哲學著作有《天說》、《天對》、《封建論》等。

20 樊川文集，阿房宮賦

—— 杜牧・唐

生平簡介

姓　　名	杜牧。
別　　名	杜牧之。
出 生 地	京兆萬年（今陝西西安）。
生 卒 年	公元八〇三至八五二年。
身　　份	文學家、詩人。
主要成就	主要集中在詩歌方面，其中以七絕、七律最為成功.特別是七絕，詠史抒懷，寄託遙深。

名家推介

　　杜牧（公元 803-852），字牧之，號樊川居士，漢族，京兆萬年（今陝西西安）人，唐代詩人。杜牧人稱「小杜」，以別於杜甫。與李商隱並稱「小李杜」。

　　他晚年居長安南樊川別墅，故後世稱「杜樊川」，著有《樊川文集》。晚唐傑出詩人，尤以七言絕句著稱。擅長文賦，其《阿房宮賦》為後世傳誦。

▌名家故事 ─────

　　晚唐時期，崔郾侍郎奉命到東都洛陽主持進士科考試，百官公卿都到城門外擺好酒席餞行，此時吳武陵正任太學博士，也騎著一頭老毛驢過來湊熱鬧。崔郾正在酒席上喝得高興，聽說吳老這位有名的清流人士也過來了，非常吃驚，連忙離席前來迎接。吳老看見崔郾，把他拉到一邊，拍著崔郾的肩膀說：「你擔負此任，乃是眾望所歸。我老了，不能為朝廷排憂解難了，不如為你推薦一個賢士。前些日子，我偶然發現一些太學生情緒激昂地討論一篇文章，走近一看，原來是這次要參加考試的杜牧所寫的〈阿房宮賦〉。這篇文章寫得真好，這個人也太有才了。崔侍郎你工作繁重，日理萬機，恐怕沒有閒暇去流覽這篇文章，不如讓我為你誦讀一下。」說到這裏，吳老就字正腔圓地、搖頭晃腦地將〈阿房宮賦〉讀了起來，崔郾也是一個有品位的知識分子，聽後也稱讚不已。吳武陵乘熱打鐵，要求崔郾在接下來的考試中將杜牧評為狀元。崔郾面露難色推辭道：「狀元已經被他人預定了。」吳老窮追不捨，大聲說道：「如果他真得不了狀元，就退一步，讓他以第五名進士及第。」崔郾還在躊躇猶豫，吳老以老賣老地說：「如果還不行的話，就把這篇賦還給我，看有沒有比這寫得更好的賦。」崔郾迫不得已，只好滿口答應，然後目送吳老離開。

　　回到酒席上，喝酒的同僚問吳博士來做什麼。崔郾回答說：「吳老推薦了一個人為第五名進士。」酒客連忙追問是誰，崔侍郎回答說是「杜牧」。旁邊立刻有人接茬說：「聽說過杜牧這人，才氣是大大的有，只是品行不太好，不拘小節，喜歡煙花風月，好出入娛樂場所。」崔侍郎為難地說：「我已經答應吳博士了，即使杜牧是個屠夫或賣酒的小販子，我也不會改變了。」

　　由吳老這樣的清流賞識推薦而進士及第，杜牧認為這是一種極大的榮耀。皇榜公佈後，他曾賦詩一首來表達自己的喜悅，放榜的時候，洛陽的花兒還未綻開。三十三名中舉的進士騎著高頭大馬得意洋洋地行走在街上，他們要去參加各種慶祝活動，出席各種酒會宴席，喝著秦地的美酒，心情舒暢，滿面春風，好像春色也被他們帶進了長安。大和二年十月，杜牧進士及第後八個月，他就奔赴當時的洪州，即王勃寫〈滕王閣序〉那個地方，開始了他長達十多年的幕府生涯。

　　到洪州後被授任弘文館校書郎、試左武衛兵曹參軍。冬季，成為江西觀察使沈傳師的幕僚，後隨沈傳師赴任宣歙觀察使，作為幕僚。大和九年，杜牧升為監察御史，分管東都。武宗會昌二年，出任黃州刺史，後任池州、睦州刺史。他一生為政能興利除弊，關心百姓。宣宗大中二年，被升任司勳員外郎、史館修撰，後轉任吏部員外郎。大中四年，出任湖州刺史。次年，被召入京城為考功郎中。第三年，陞遷為中書舍人，這年年底卒於長安，終年五十歲。

　　杜牧確實有才華，而且政治才華出眾。他專門研究過孫子，寫過十三篇〈孫子〉注解，也寫過許多策論諮文。特別是有一次獻計平虜，被宰相李德裕採用，大獲成功。可惜杜牧有相才，而無相器，又生不逢時在江河日下的晚唐，盛唐氣息已一去不返，皇帝昏庸、邊關戰事不斷，宦官專權，一系列的內憂外患如蟻穴潰堤，大唐之舟外滲內漏。杜牧死後不過數年，農民起義便風起雲湧，又過了五十年，江山易幟。杜牧的才能，湮沒於茫茫人海之中。杜牧雖然熟讀史書，看透時局，但無法力挽狂瀾。

　　杜牧最為膾炙人口的詩作，是詠史與七絕。杜牧的詠史，充滿著幽默與調侃，飽含借古鑒今之意。遊經赤壁，他說，假如周瑜借不到東風，則將是「銅雀春深鎖二喬」，一反常人思維，給人以全新的視

角。過華清宮，想起當年楊貴妃喜啖荔枝的情景，杜牧感歎「一騎紅塵妃子笑，無人知是荔枝來」，小中見大，雖未出現唐明皇半個字，卻點出當年安史之亂的個中原委。夜泊秦淮，歌舞昇平，可是，杜牧聽出來了，分明是亡國之音，若照這樣下去，大唐亡國也指日可待了。杜牧詠史是表，諷今才是根本。

杜牧臨死之時，心知大限將至，自撰墓誌銘，但這篇短文寫得卻是平實無奇，絲毫不顯文豪手筆。杜牧一生，俊朗豪健，而他在強作笑顏、把酒盡興的背後，卻有不想被世人知曉的悲涼。

▌專家品析

杜牧的文學創作有多方面的成就，詩、賦、古文都堪稱名家。他主張凡為文以意為主，以氣為輔，以辭采章句為之兵衛，對作品內容與形式的關係有比較正確的理解，並能吸收融化前人的長處，以形成自己特殊的風貌。在詩歌創作上，杜牧與晚唐另一位傑出的詩人李商隱齊名，並稱「小李杜」。

杜牧詩詞博彩清麗、畫面鮮明、格調悠揚，可以看出他才氣的俊爽與思致的活潑，流露出對時事的憂傷，但他的詩中也有一些思想感情很不健康的作品，有的詩帶有濃厚的個人潦倒失意的感傷情調，缺乏理想的光彩。

▌代表作品

杜牧的代表作〈阿房宮賦〉充分體現了唐代文賦的特點，即描寫

和議論緊密結合。前面極力鋪敘渲染宮殿歌舞之盛，宮女珍寶之多，
人民痛苦之深，既誇張，又富於想像，且比喻奇巧新穎。後面發議
論，迴環往復，層層推進，見解精闢，發人深省。語言上駢散兼行，
錯落有致，詞采瑰麗，聲調和諧，一掃漢賦那種平板單調的弊病，成
為古代賦體中不可多得的佳作。

21 纏綿悱惻，後人傳補

—— 李商隱 · 唐

姓　　名	李商隱。
別　　名	玉谿生、樊南生。
出 生 地	滎陽（今河南鄭州）。
生 卒 年	約公元八一二或八一三至約八五八年。
身　　份	詩人。
主要成就	李商隱開創了詩歌上新的風格、新的流派，在藝術技巧上他對我國的古典詩歌更有所發展和豐富。

▌名家推介

　　李商隱（約公元 812 或 813-約 858），漢族，字義山，故又稱李義山，號玉谿生、樊南生，祖籍懷州河內（今河南沁陽），生於河南滎陽（今鄭州滎陽）。

　　晚唐著名詩人，擅長駢文寫作，詩作文學價值也很高，他和杜牧合稱「小李杜」，與溫庭筠合稱為「溫李」，因詩文與同時期的段成

式、溫庭筠風格相近，且三人都在家族裏排行第十六，故並稱為「三十六體」。其詩構思新奇，風格濃麗，尤其是一些愛情詩寫得纏綿悱惻，為後人所傳誦。

▍名家故事 ─────────

　　李商隱考中進士的當年年末，老師令狐楚病逝。在參與料理令狐楚的喪事後不久，李商隱應涇原節度使王茂元的聘請，去涇州作了王茂元的幕僚。王茂元對李商隱的才華非常欣賞，將女兒嫁給了他。從李商隱後來的經歷中可以看出，這樁婚姻將他拖入了牛李黨爭的政治漩渦中。

　　王茂元與李德裕交好，被視為「李黨」的成員；而令狐楚父子屬於「牛黨」，因此，他的行為就被很輕易地被解讀為對剛剛去世的老師和恩主的背叛，李商隱很快就為此付出了代價。在唐代，取得進士資格一般並不會立即授予官職，還需要再通過由吏部舉辦的考試。開成三年春天，李商隱參加授官考試，結果在複審中被除名，這件事對李商隱最直接的影響是使得他獲得朝廷正式官職的時間推遲了一年。不過，他並沒有後悔娶了王茂元的女兒王晏媄，他們婚後的感情很好，在李商隱的眼中，王氏是一位秀麗溫和體貼的妻子。

　　開成四年，李商隱再次參加授官考試，順利通過，得到了秘書省校書郎的職位。這是一個低級的官職，但有一定的發展機會。沒過多久，被調任弘農縣尉，雖然縣尉與校書郎的品級差不多，但遠離權力的中心，顯然會使以後發展受到影響。李商隱在弘農任職期間很不順利，他因為替死囚減刑而受到上司觀察使孫簡的責難，孫簡以某種不

留情面的態度對待李商隱，使他感到非常屈辱，難以忍受，最終以請長假的方式辭職。湊巧的是，在此前後孫簡正好被調走，接任的姚合設法緩和了緊張的局面，在他的勸慰下，李商隱勉強留了下來，但他此刻顯然已經沒有心情繼續工作，不久，就再次辭職並得到獲准。

辭去了弘農縣尉，李商隱經過一段時間的調整，於武宗會昌二年設法又回到秘書省任職，這次他的職位品階比三年前還低，即便如此，李商隱畢竟又有了一個新的發展起點。在唐代，大家普遍認為在京城裏的任職會比外派的官員有更多的機會陞遷，而李商隱所在的秘書省，又比較容易受到高層的關注。對李商隱而言，另一個好消息是，宰相李德裕獲得了武宗充分的信任，這位精幹的政治家幾乎被授予全權處理朝政，李商隱積極支持李德裕的政治主張，他躊躇滿志，期待受到重用的機會。

然而，命運似乎與他開了一個大大的玩笑，李商隱重入秘書省不到一年，他的母親去世。他必須遵循慣例，離職回家守孝三年，這意味著年屆而立的李商隱不得不放棄躋身權力階層的最好的機會，這次變故對李商隱政治生涯的打擊是致命的。他閒居在家的三年是李德裕執政最輝煌的時期。錯過了這個時期，隨著不久之後武宗的去世，李德裕政治集團驟然失勢，李商隱已經難以找到政治上的知音。會昌三年，李商隱的岳父王茂元在代表政府討伐藩鎮叛亂時病故，王茂元生前沒有利用自己的影響力幫助李商隱的陞遷，但他的去世無疑使李商隱的處境更加困難。

會昌五年十月，李商隱結束了守孝，重新回到秘書省。大中元年三月，李商隱告別家人，隨鄭亞出發，經過兩個月左右的行程，來到距京城大約五千里以外的南方。鄭亞的這次南遷，是牛黨清洗計劃的一部分，李商隱願意主動跟從一位被貶斥的官員，表明他同情李德裕

一黨。另一方面，也顯示對自己的陞遷不再抱有信心了。在桂林不到一年，鄭亞就再次被貶官為循州刺史，李商隱也隨之失去了工作。大中二年秋，他回到京城長安。據說，他在潦倒之際，寫信給故友令狐綯請求幫助，但遭到拒絕，結果只能通過自己考試得到一個縣尉的小職位。

大中五年秋天，被任命為西川節度使的柳仲郢向李商隱發出了邀請，希望他能隨自己去西南邊境的四川任職。李商隱接受了參軍的職位，他在簡單地安排了家裏的事情之後，於十一月入川赴職，他在四川的梓州幕府生活了四年，大部分時間都鬱鬱寡歡。他曾一度對佛教發生了很大的興趣，與當地的僧人交往，並捐錢刊印佛經，甚至想過出家為僧。梓幕生活是李商隱宦遊生涯中最平淡穩定的時期，他已經再也無心無力去追求仕途的成功了。

大中九年，柳仲郢被調回京城任職，出於照顧，他給李商隱安排了一個鹽鐵推官的職位，雖然品階低，待遇卻比較豐厚，李商隱在這個職位上工作了兩到三年，罷職後回到故鄉閒居。大中十三年秋冬，李商隱在家鄉病故。

▌專家品析

李商隱生活的年代正是李唐王朝江河日下，社會動盪不安，政治腐敗的晚唐前期。社會病態紛呈，矛盾重重。宦官擾亂朝綱，牛李黨爭。鉤心鬥角，人事紛紜，互相傾軋。李商隱終生關心民生疾苦，他一生不怕丟官，足以顯示出他的熱血心腸和錚錚氣節。

至情至性的作品方能打動讀者，只有具有赤子之心，熱愛生活，

關心現實與人生的作品，只有具有高尚品格的人，才可能創作出反映社會主流與本質的至情至性的作品，品格卑污低劣的人無論如何也寫不出格調高尚感人肺腑的作品，從李商隱的詩文中，我們便可以讀出他的人品來。

▎代表作品 ——————

　　李商隱有《樊南甲集》二十卷，《樊南乙集》二十卷，《玉谿生詩》三卷，《賦》一卷，《文》一卷，部分作品已佚。現存詩五百九十四首，《集》外詩十六首，《全唐詩補編》錄入四首，共存詩六百一十四首。

22 白衣相卿，奉旨填詞

—— 柳永・北宋

▌生平簡介 ────────

姓　　名　柳永。

字　　　　耆卿。

出 生 地　崇安（今福建武夷山）。

生 卒 年　約公元九八七至約一〇五三
　　　　　年。

身　　份　詞人。

主要成就　發展了慢詞創作，為宋詞在
　　　　　表現功能、藝術風格和思想
　　　　　內容多方面的拓展奠定了基
　　　　　礎。

▌名家推介 ────────

　　柳永（約公元 987-約 1053），字耆卿，原名三變，字景莊，後改
名永，排行第七，又稱柳七，漢族，崇安（今福建武夷山）人。

　　北宋詞人，婉約派最具代表性的人物之一，代表作〈雨霖鈴〉。
宋仁宗朝進士，官至屯田員外郎，故世稱柳屯田。他自稱「奉旨填詞
柳三變」，以畢生精力作詞，並以「白衣卿相」自許。

▌名家故事 ──────

柳家世代做官，柳永少年時在家鄉勤學苦讀，希望能傳承家業，官至公卿。學成之後，他就到汴京應試，準備大展鴻圖，在政治上一試身手。不料，一到光怪陸離的京城，骨子裏浪漫風流的年輕才子柳永，就被青樓歌館裏的歌妓吸引，把政治理想完全拋在了腦後，一天到晚在風月場裏瀟灑，與青樓歌妓打得火熱，而且還把他的風流生活寫進詞裏。

當然，他也沒有忘記此行考進士的目標，只是他自負風流才高，沒把考試當回事，以為考中進士、做個狀元是唾手可得的事。他曾經向人誇口說：「即使是皇帝親自考試，也能高中進士。」不料事與願違，放榜時名落孫山。他沮喪憤激之餘，寫下了傳誦一時的名作〈鶴衝天〉，宣稱「忍把浮名，換了淺斟低唱」。你皇帝老兒不讓我進士及第去做官，我不做官，又奈我何！在詞壇上叱吒風雲，難道不是一樣的輝煌？

表面上看，柳永對功名利祿不無鄙視，很有點叛逆精神，其實這只是失望之後的牢騷話，骨子裏還是忘不了功名，因此，他在科場初次失利後不久，就重整旗鼓，再戰科場。

仁宗初年的再試，考試成績本已過關，但由於〈鶴衝天〉詞的原因，等到放榜時，仁宗以〈鶴衝天〉詞為口實，說柳永政治上不合格，他就又一次落榜了。

再度的失敗，柳永真的有些憤怒了，他乾脆自稱「奉旨填詞柳三變」，從此無所顧忌地縱遊妓館酒樓之間，致力於民間詩詞的藝術創作。官場上的不幸，反倒成全了才子詞人柳永，使他的藝術天賦在詞的創作領域得到充分的發揮。當時教坊樂工和歌姬每得新腔新調，都

請求柳永為之填詞，然後才能傳世，得到聽眾的認同。柳永創作的新
聲曲子詞，有很多是跟教坊樂工、歌妓合作的結果。柳永為教坊樂工
和歌妓填詞，供她們在酒肆歌樓裏演唱，常常會得到她們的經濟資
助，柳永也因此可以流連於坊曲，不至於有太多的衣食之虞。柳永憑
藉通俗文藝的創作而獲得一定的經濟收入，表明宋代文學的商品化開
始萌芽，為後來職業地從事通俗文藝創作的人才開了先河。

　　然而在他的這段人生中，他並沒有真正放下心中的功名之欲，他
還是想要功名的，他還是希望走上一條通達於仕途的道路。於是他或
是去漫遊，或是輾轉於求官的途中，漫長的道路，漫長的希望與寂寞
中，柳永寫下大量的詞，這類作品向來是受歷代學者稱讚的。

　　出身儒宦家庭，卻擁有著一身與之不相容的浪漫氣息和音樂才華
的柳永，一生就在這二者之間奔波忙碌。他迷戀情場，卻又念念不忘
仕途。一部《樂章集》就是他周旋於二者間的不懈追求、失志之悲與
兒女柔情的結合。他想做一個文人雅士，卻永遠擺脫不掉對俗世生活
和情愛的眷戀和依賴；而醉裏眠花柳的時候，他卻又在時時掛念自己
的功名。柳永是矛盾的，他的矛盾既源於他本人，又源於他所生活的
時代。他是人生、仕途的失意者、落魄者，他無暇去關注人的永恆普
遍的生命憂患，而是側重於對自我命運、生存苦悶的深思、體驗和對
真正愛情的嚮往與追求，執著於對功名利祿、官能享受的渴望與追
求，抒發自己懷才不遇、命途艱舛的痛苦，因此他只能做著拖著一條
世俗尾巴的自封的「白衣卿相」。

　　後來柳永出言不遜，得罪朝官，仁宗罷了他屯田員外郎，從此，
柳永出入名妓花樓，衣食都由名妓們供給，眾妓都求他賜一詞以抬高
身價，他也樂得漫遊名妓之家以填詞為業，自稱「奉旨填詞柳三
變」。柳永盡情放浪多年，身心俱傷，死在名妓趙香香家。他既無家

室，也無財產，死後無人過問。謝玉英、陳師師一班名妓念他的才學和情癡，湊一筆錢為他安葬。謝玉英曾與他擬為夫妻，為他戴重孝，眾妓都為他戴孝守喪。出殯之時，東京滿城妓女都來了，半城縞素，一片哀聲，這便是「群妓合金葬柳七」的佳話。

柳永乃婉約派四大旗幟之一，在四旗中號「情長」，有「豪蘇膩柳」之稱，柳詞如江南二八少女，清新婉約，細膩獨到。柳永是中國歷史上眾多詩人詞人中唯一一位肯為妓女歌姬填詞的人，後事無不傾倒於他的絕世文采與平等思想，他不僅在文學方面有很高的造詣，還在道德上創造了不朽的詩篇。

▌專家品析

柳永是北宋一大詞家，在詞史上有重要地位。他擴大了詞境，佳作極多，許多篇章用淒切的曲調唱出了盛世中部分落魄文人的痛苦，真實感人。他還描繪了都市的繁華景象及四時景物風光，另有遊仙、詠史、詠物等題材。

柳永發展了詞體，留存二百多首詞，所用詞調竟有一百五十個之多，並大部分為前所未見的、以舊腔改造或自制的新調，十之七八為長調慢詞，對詞的解放與進步作出了巨大貢獻。柳永還豐富了詞的表現手法，他的詞講究章法結構，詞風真率明朗，語言自然流暢，有鮮明的個性特色。他上承敦煌曲牌，下開金元曲牌。柳詞又多用新腔、美腔，旖旎近情，富於音樂美。他的詞不僅在當時流播極廣，對後世影響也十分巨大。

▌代表作品 ————

雨霖鈴

　　寒蟬淒切，對長亭晚，驟雨初歇。都門帳飲無緒，留戀處，蘭舟催發。執手相看淚眼，竟無語凝噎。念去去，千里煙波，暮靄沉沉楚天闊。

　　多情自古傷離別，更那堪、冷落清秋節！今宵酒醒何處？楊柳岸，曉風殘月。此去經年，應是良辰好景虛設。便縱有千種風情，更與何人說！

23 岳陽樓記，范文正公

—— 范仲淹・北宋

生平簡介

姓　　名	范仲淹。
字	希文。
出 生 地	河北正定。
生 卒 年	公元九八九至一〇五二年。
身　　份	政治家、文學家、軍事家。
主要成就	他不僅是文學改革的積極宣導者，而且是積極的實踐者，尤其是詩歌、散文和詞的創作取得了較高的成就。

名家推介

范仲淹（公元989-1052），字希文，漢族，蘇州吳縣（今屬江蘇）人。北宋著名的政治家、思想家、軍事家和文學家，祖籍邠州（今陝西省彬縣），後遷居蘇州吳縣（今江蘇省吳縣）。

他一生為政清廉，體恤民情，剛直不阿，力主改革，屢遭姦佞誣謗，數度被貶。一〇五二年五月二十日病逝於徐州，終年六十四歲。是年十二月葬於河南洛陽東南萬安山，諡文正，封楚國公、魏國公。

有《范文正公集》傳世，通行有《四部叢刊》影明本，附《年譜》及《言行拾遺事錄》等。

▌名家故事 ────

　　范仲淹的父親范墉，端拱初年赴徐州任武寧軍節度掌書記，宋太宗端拱二年八月二日，范仲淹生於徐州，第二年，父親便病逝了。謝氏貧困無依，只好抱著襁褓中的仲淹，改嫁山東淄州長山縣一戶姓朱的人家。范仲淹從小讀書就十分刻苦，朱家是長山的富戶，但他為了勵志，常去附近長白山上的醴泉寺寄宿讀書，他的生活極其艱苦，每天只煮一鍋稠粥，涼了以後劃成四塊，早晚各取兩塊，拌幾根醃菜，吃完繼續讀書。這樣過了差不多三年，長山鄉的書籍已漸漸不能滿足他的需要。一個偶然的事件，暴露了范仲淹家世的隱秘。他驚愕地發現，自己原是蘇州范家之子，這些年來，一直靠繼父的關照度日。這件事使范仲淹深受刺激和震動，愧憤交集之下，他決心脫離朱家，自樹門戶，待將來卓然立業，再接母歸養。於是他匆匆收拾了幾樣簡單的衣物，佩上琴劍，不顧朱家和母親的阻攔，流著眼淚，毅然辭別母親，離開長山，徒步求學去了。

　　真宗大中祥符四年，二十三歲的范仲淹來到睢陽應天府書院。應天府書院是宋代著名的四大書院之一，共有校舍一百五十間，藏書數千卷。到這樣的學院讀書，既有名師可以請教，又有許多同學互相切磋，還有大量的書籍可供閱覽，況且學院免費就學，更是經濟拮据的范仲淹求之不得的。

　　范仲淹的連歲苦讀，從春至夏，經秋歷冬，別人看花賞月，他只

在六經中尋樂，偶然興起，也吟詩抒懷。數年之後，范仲淹對儒家經典《詩經》、《尚書》、《易經》、《禮記》、《春秋》等書主旨已然堪稱大通，吟詩作文，也慨然以天下為己任。

大中祥符八年，范仲淹得中進士。不久，他被任命為廣德軍的司理參軍，接著，又調任為集慶軍節度推官。他把母親接來贍養，並正式恢復了范姓，改名仲淹，字希文，從此開始了近四十年的政治生涯。

范仲淹是北宋詩文革新的先驅，著名的文學家，他不僅是文學改革的積極宣導者，而且是積極的實踐者。范仲淹的文學創作在詩、文、詞、賦方面都頗有成就，尤其是詩歌、散文和詞的創作取得了較高的成就。

范仲淹的文學革新主張有四個方面：其一，重視文學的社會功用，力倡詩文革新；其二，反對無病呻吟的文學創作，主張詩作反映真性情和時代特徵；其三，反對浮靡柔媚之作，主張恢復古樸雅正詩風；其四，反對悲苦哀鳴之作，提倡優遊暢達詩風。

范仲淹作為一代傑出的政治家，一個在「慶曆新政」時期的中心人物，不僅他的改革精神影響了一代文人，而且也正是他的一系列文章，尤其是他的新政扶持，鼓勵了北宋初的古文創作，醞釀和孕育了古文革新的高潮。范仲淹今存之文，有賦三十八篇、表狀五十三篇、奏疏一百七十三篇、書一百五十篇、序十二篇、論八篇、記八篇、碑銘墓誌五十二篇。其中，以奏疏等政論文為數最多。這些文章，論文真切，文筆流暢，長短不拘，文辭典範：其它創作，有記敘、有抒情，多數文辭簡潔、舒卷自如，且富有個性特色。

范仲淹的〈岳陽樓記〉是歷來為人們傳誦的名篇。文章雖名為「記」，實際是一篇抒情散文。文章表露出他作為一個政治家「先天

下之憂而憂，後天下之樂而樂」的襟懷，抒發描述了岳陽樓遊覽者的覽物之情。范仲淹的文章馳騁想像虛實並舉，概括了兩種景色、兩種情懷：一者「有去國懷鄉，憂讒畏譏，滿目蕭然，感極而悲」；二者則「有心曠神怡，寵辱皆忘，把酒臨風，其喜洋洋」。由於古今遷客騷人登臨覽物，受景物陰晴變化的感染而一則以悲，一則以喜。范仲淹以高超筆力在文章末段再翻出正意：「不以物喜，不以己悲」，並以博大胸懷，用「先憂後樂」統挽全域，立意深刻，結構新巧，文字精美。從范仲淹的〈岳陽樓記〉可見他在北宋散文史上的巨大影響和傑出地位，是不可低估的。

▎專家品析 ────

范仲淹文學素養很高，寫有著名的〈岳陽樓記〉，其中「先天下之憂而憂，後天下之樂而樂」為千古名句。也留下了眾多膾炙人口的詞作，如〈漁家傲〉、〈蘇幕遮〉，蒼涼豪放、感情強烈，為歷代傳誦。著作為《范文正公集》，范仲淹在散文、詩、詞均有名篇傳世。

范仲淹紀念館坐落在景色秀麗的蘇州天平山風景區內，對參觀者尤其是青少年了解范仲淹、學習先賢的博大胸懷和崇高品德提供了極好的教材。

▋代表作品 ─────

〈岳陽樓記〉摘選

　　嗟夫！予嘗求古仁人之心，或異二者之為，何哉？不以物喜，不以己悲。居廟堂之高則憂其民；處江湖之遠則憂其君。是進亦憂，退亦憂。然則何時而樂耶？其必曰「先天下之憂而憂，後天下之樂而樂」乎。噫！微斯人，吾誰與歸？

24 六一居士，醉翁亭記

—— 歐陽修．北宋

生平簡介

姓　　名　歐陽修。

別　　名　醉翁、六一居士。

出 生 地　綿州（今四川綿陽）。

生 卒 年　公元一○○七至一○七三年。

身　　份　文學家、史學家。

主要成就　大力宣導詩文革新運動，改
　　　　　革了唐末到宋初的形式主義
　　　　　文風和詩風，取得了顯著成
　　　　　績，並參與纂寫《新唐書》、
　　　　　《五代史》。

名家推介

　　歐陽修（公元 1007-1073），字永叔，號醉翁，又號六一居士。漢族，吉安永豐（今屬江西）人，自稱廬陵（今永豐縣沙溪人）人，謚號文忠，世稱歐陽文忠公。

　　北宋時期政治家、文學家、史學家和詩人。與韓愈、柳宗元、王安石、蘇洵、蘇軾、蘇轍、曾鞏合稱「唐宋八大家」。參加修訂《新

唐書》二百五十卷，又自撰《五代史記》，著名的作品〈醉翁亭記〉。

▌名家故事 ────────

　　宋仁宗天聖八年，歐陽修中進士。次年任西京留守推官，景祐元年，召試學士院，授任宣德郎，充任館閣校勘。景祐三年，范仲淹上章批評時政，被貶饒州。歐陽修為他辯護，被貶為夷陵縣令。康定元年，歐陽修被召回京，復任館閣校勘，編修崇文總目，後任知諫院。慶曆三年，升任右正言。范仲淹、韓琦、富弼等人推行「慶曆新政」，歐陽修參與革新，提出改革吏治、軍事、貢舉法等主張。康定五年，范、韓、富等相繼被貶，歐陽修上書分辯，也被貶為滁州太守，後來又被貶揚州、潁州、應天府等地。

　　皇祐元年歐陽修回朝，先後任翰林學士、史館修撰等職。至和元年八月，與宋祁同修《新唐書》，又自修《五代史記》。嘉祐二年二月，歐陽修以翰林學士身份主持進士考試，提倡平實文風，錄取蘇軾、蘇轍、曾鞏等人，對北宋文風轉變有很大影響。嘉祐三年六月，歐陽修以翰林學士身份兼龍圖閣學士就任開封府。嘉祐五年，官拜樞密副使，次年任參知政事。後又相繼任刑部尚書、兵部尚書等職。英宗治平二年，上表請求外任，沒被獲准。此後兩三年間，因被蔣之奇等誣謗，多次辭職，都未允准。

　　神宗熙寧二年，王安石實行新法，歐陽修對青苗法有所批評，於是青苗法並未執行。熙寧三年，除就任檢校太保宣徽南院使等職，堅持推辭不接受，改任蔡州，這年自己改號「六一居士」。第二年六月，以太子少師的身份辭職，定居潁州，熙寧五年歐陽修卒於家，諡文忠。

　　歐陽修在我國文學史上有著重要的地位，他繼承了韓愈古文運動的精神，作為宋代詩文革新運動的領袖人物，他的文論和創作實績，對當時以及後代都有很大影響。

　　宋初，在暫時承平的社會環境裏，貴族文人集團提倡的西崑體詩賦充斥文壇，浮華一時，並無社會意義，卻曾風靡一時。為了矯正西崑體的流行弊端，歐陽修大力提倡古文運動。他自幼愛讀韓愈文集，他在文學觀點上師承韓愈，主張明道致用。他取韓愈「文從字順」的精神，大力提倡簡而有法和流暢自然的文風，反對浮靡雕琢和怪僻晦澀的文字。他不僅能夠從實際出發，提出平實的散文理論，而且自己又以造詣很高的創作實績，起了示範作用。

　　他主管考試進士時，鼓勵考生寫作質樸順暢的古文，凡內容空洞，華而不實，或以奇詭取勝之作，都在不入取之列。與此同時，他又提拔、培養了王安石、曾鞏、蘇軾、蘇轍等一代新人，為此，他宣導的詩文革新運動就取得了決定性的勝利。

　　歐陽修是北宋文壇的領袖、宋代散文的奠基人。在文學創作上的成就，以散文為最高。歐陽修一生寫了五百餘篇散文，各體兼備，有政論文、史論文、記事文、抒情文和筆記文等。他的散文大都內容充實，氣勢旺盛，深入淺出，精鍊流暢，敘事說理，娓娓動聽，抒情寫景，引人入勝，寓奇於平，一改文壇面目。他的許多政論作品，恪守自己「明道」、「致用」的主張，緊密聯繫當時政治鬥爭，點切時弊，思想尖銳，語言明快，表現了一種匡時救世的政治抱負。他還寫了不少抒情、敘事散文，也大都情景交融，搖曳多姿。〈醉翁亭記〉等多部作品，徐徐寫來，委婉曲折，言辭優美，風格清新。總之，不論是諷世刺政，還是悼亡憶舊，乃至登臨遊覽之作，無不充分體現出他那種從容寬厚、真率自然的藝術個性。

歐陽修在詩歌創作方面也卓有成就，在內容上，他的詩有一部分反映人民的疾苦，揭露社會的黑暗，他還在詩中議論時事，抨擊腐敗政治。此外，歐陽修還打破了賦體嚴格的格律形式，寫了一些文賦，他的著名的《秋聲賦》運用各種比喻，把無形的秋聲描摹得非常生動形象，使人彷彿可聞。這篇賦變唐代以來的「律體」為「散體」，對於賦的發展具有開拓意義，可與蘇軾的〈赤壁賦〉媲美，千載傳誦。

歐陽修一生著述繁富，成績斐然。除文學外，經學研究《詩》、《易》、《春秋》，能不拘守前人之說，有獨到見解；金石學的開闢之功，編輯和整理了周代至隋唐的金石器物、銘文碑刻上千，並撰寫成〈集古錄跋尾〉十卷四百多篇，簡稱《集古錄》，是今存最早的金石學著作；史學成就尤其宏偉，除了參加修定《新唐書》二百五十卷外，又自撰《五代史記》（《新五代史》），總結五代的歷史經驗，意在後世引為鑒戒。

▌專家品析 ————

歐陽修在中國文學史上有著重要的地位，他繼承了韓愈古文運動的精神，作為宋代詩文革新運動的領袖人物，他的文論和創作實績，對當時以及後世都有很大影響。

歐陽修在中國文學史上有重要的地位。他大力宣導詩文革新運動，改革了唐末到宋初的形式主義文風和詩風，取得了顯著成績。由於他在政治上的地位和散文創作上的巨大成就，使他在宋代的地位有似於唐代的韓愈，他推薦提拔和指導了王安石、曾鞏、蘇洵、蘇軾、蘇轍等散文家，對他們的散文創作發生過很大的影響。其中，蘇軾最

出色地繼承和發展了他所開創的一代文風。歐陽修的文風，還一直影響到元、明、清各代。

▌代表作品 ────────

歐陽修曾與宋祁合修《新唐書》，並獨撰《新五代史》，又喜收集金石文字，編《集古錄》。有《歐陽文忠公文集》傳世，著名的作品〈醉翁亭記〉。

25 編年通史，資治通鑒

—— 司馬光·北宋

生平簡介

姓　　名	司馬光。
別　　名	迂夫、迂叟。
出 生 地	河南省信陽市光山縣。
生 卒 年	公元一〇一九至一〇八六年。
身　　份	北宋政治家、文學家、史學家。
主要成就	反映在學術上，其中最大的貢獻莫過於主持編寫《資治通鑒》。

名家推介

　　司馬光（公元 1019-1086），初字公實，後改為君實，號迂夫，晚號迂叟。漢族，出生於河南省光山縣，原籍陝州夏縣（今屬山西夏縣）涑水鄉人，世稱涑水先生。

　　司馬光是北宋政治家、文學家、史學家，經歷宋仁宗、英宗、神宗、哲宗四朝，卒後追贈太師、溫國公，諡文正。他主持編纂了中國歷史上第一部編年體通史《資治通鑒》。司馬光為人溫良謙恭、剛正

不阿，其人格堪稱儒學教化下的典範，歷來受人景仰。

▎名家故事 ───────

　　宋仁宗寶元元年，司馬光中進士甲科，在華州擔任地方官。初任奉禮郎、大理評事一類小官，後經樞密副使龐籍的推薦，入京為館閣校勘，同知禮院，至和元年隨龐籍到并州為官，後來就任并州通判。嘉祐二年龐籍因事獲罪，司馬光引咎離開并州。宋仁宗末年任天章閣待制兼侍講同知諫院，嘉祐六年遷起居舍人同知諫院。

　　司馬光本人對歷史很有研究，他認為治理國家的人，一定要通曉古往今來的歷史，從歷史中吸取興盛、衰亡的經驗教訓。他又覺得，從上古到五代，歷史書實在太多，做皇帝的人沒有那麼多時間看，於是，他在被貶洛陽之前就開始動手編寫一本從戰國到五代的史書。

　　宋英宗在位的時候，司馬光把一部分稿子獻給朝廷，宋英宗覺得這本書對鞏固王朝統治大有好處，十分讚賞這項工作，專門為他設立一個編寫機構，叫他繼續編下去。

　　宋神宗繼位後，司馬光又把編好的一部分獻給宋神宗，宋神宗並不信司馬光的政治主張，但是對司馬光編書卻十分支持，他把自己年輕時候收藏的二千四百卷書都送給司馬光，要他好好完成這部著作，還親自為這本書起了個書名叫《資治通鑒》。

　　司馬光罷官回到洛陽之後，就專心寫《資治通鑒》，一共花了十九年時間，才把這部著作完成。這部書按歷史年代編寫，從戰國時期公元前四〇五年到五代時期的公元九五九年，一共記載了一千三百六十二年的歷史。

　　為了寫這一部巨大篇幅的著作，司馬光和他的助手們收集和整理了大量資料，除了採用歷代的正史之外，還參看各種歷史著作三百多種。據說，這部書寫成的時候，原稿足足堆放了兩間屋子。由於它的材料豐富、剪裁恰當和考證嚴格，加上文字精練生動，所以成為我國史學史上最有價值的著作之一，它對於後來的人研究歷史提供了比較完備的資料。

　　在整整十九年時間裏，司馬光把全部精力放在這部著作上面，每天工做到深夜。到《資治通鑑》完成的時候，他的身體已經十分衰弱，眼睛昏花，牙齒大多脫落了。元豐七年《資治通鑑》成書。書成後，司馬光官升為資政殿學士。

　　元豐八年，宋哲宗繼位，高太皇太后聽政，召他入京主國政，次年任尚書左僕射、兼門下侍郎，數月間罷黜新黨，盡廢新法，史稱「元祐更化」。司馬光執政一年半，即與世長辭。死後，宋哲宗將他葬於高陵。追贈太師、溫國公，諡文正，賜碑「忠清粹德」。

　　《資治通鑑》是我國最大的一部編年史，全書共二百九十四卷，通貫古今，上起戰國初期韓、趙、魏三家分晉，下到五代（後樑、後唐、後晉、後漢、後周）末年趙匡胤滅後周以前，共一千三百六十二年。司馬光把這一千三百六十二年的史實，依時代先後，以年月為經，以史實為緯，順序記寫，對於重大的歷史事件的前因後果，與各方面的關聯都交代得清清楚楚，使讀者對史實的發展能夠一目了然。

　　司馬光著述頗多，除了《資治通鑑》，還有《通鑑舉要歷》八十卷、《稽古錄》二十卷、《本朝百官公卿表》六卷。此外，他在文學、經學、哲學乃至醫學方面都進行過鑽研和著述，主要代表作有《翰林詩草》、《注古文學經》、《易說》、《注太玄經》、《注揚子》、《書儀》、《遊山行記》、《續詩治》、《醫問》、《涑水紀聞》、《類篇》、《司馬文

正公集》等。在歷史上，司馬光曾被奉為儒家三聖之一。

　　司馬光的《資治通鑑》自成書以來，歷代帝王將相、文人騷客、各界要人爭讀不止。它已成為為官從政者案頭必備的教科書，被奉為金科玉律，無上寶典。古往今來，點評批註《資治通鑑》的帝王、賢臣、鴻儒及現代的政治家、思想家、學者不勝枚舉、數不勝數。

▌專家品析 ─────

　　司馬光的主要成就反映在學術上，其中最大的貢獻莫過於主持編寫《資治通鑑》。《資治通鑑》的內容以政治、軍事和民族關係為主，兼及經濟、文化和歷史人物評價，目的是要通過對事關國家盛衰、民族興亡的統治階級政策的描述，以警示後人。在歷史上，司馬光曾被奉為儒家三聖之一。

　　司馬光的一生主要就是做了這兩件事情，主持編寫《資治通鑑》、反對王安石的變法，但是有一點必須要注意就是：司馬光之所以與王安石政見不合，僅僅是在政治觀點上有分歧，在本質上都是為國為民的真君子，純粹君子之爭，絕對不是為了一己私利，不然王安石在痛恨司馬光之餘也不會由衷地道出：「司馬君實，君子人也！」一個令政敵都歎為君子的人，絕對不是一個小人！

▌代表作品 ─────

　　《資治通鑑》是中國最大的一部編年史，全書共二百九十四卷，通貫古今，上起戰國初期韓、趙、魏三家分晉，下至五代（後樑、後

唐、後晉、後漢、後周）末年宋太祖滅後周以前，一共一千三百六十
二年，依照時代先後，以年月為經，以史實為緯，順序記寫；對於重
大的歷史事件的前因後果，與各方面的關聯都交代得清清楚楚，使讀
者對史實的發展能夠一目了然。

26 豪放詩派，東坡樂府

—— 蘇軾‧北宋

▌生平簡介

姓　　名　蘇軾。

別　　名　蘇子瞻、蘇東坡。

出 生 地　四川眉山。

生 卒 年　公元一〇三七至一一〇一年。

職業：官員、文學家。

主要成就　在詩、文、詞、書、畫等許
　　　　　多方面達到了登峰造極的高
　　　　　度，是中國歷史上少有的文
　　　　　學和藝術天才。

▌名家推介

　　蘇軾（公元 1037-1101），字子瞻，又字和仲，號東坡居士，漢族，眉州眉山（今屬四川）人，與父親蘇洵、弟弟蘇轍合稱三蘇。北宋著名散文家、書畫家、詞人、詩人，為唐宋八大家之一。

　　他在文學藝術方面堪稱全才。其文汪洋恣肆，明白暢達，詩清新豪健，善用誇張比喻，在藝術表現方面獨具風格，詞開創開豪放一派，對後世很有影響，詩文有《東坡七集》等，詞有《東坡樂府》。

▌名家故事 ─────

　　嘉祐元年，虛歲二十一的蘇軾首次出川赴京，參加朝廷的科舉考試。翌年，他參加了禮部的考試，以一篇〈刑賞忠厚之至論〉獲得主考官歐陽修的賞識，卻因歐陽修誤認為是自己的弟子曾鞏所作，為了避嫌，使他只得第二。

　　嘉祐六年，蘇軾被授任大理評事、簽書鳳翔府判官。後來趕上父親在汴京病故，蘇軾扶喪歸故里。一〇六九年還朝，仍是以前的職位。他入朝為官之時，正是北宋開始出現政治危機的時候，繁榮的背後隱藏著危機，此時宋神宗繼位，任用王安石支持變法。蘇軾的許多師友，包括當初賞識他的恩師歐陽修在內，因在新法的施行上與新任宰相王安石政見不合，被迫離京。朝野舊雨凋零，蘇軾眼中所見，已不是他二十歲時所見的「平和世界」。

　　蘇軾因在返京的途中見到新法對普通老百姓的損害，又因其政治思想保守，很不同意參知政事王安石的做法，認為新法不能便民，便上書反對。這樣做的一個結果，便是像他的那些被迫離京的師友一樣，不容於朝廷。於是蘇軾自求外放，調任杭州通判。從此，蘇軾終其一生都對王安石等變法派存有某種誤解。蘇軾在杭州待了三年，任滿後，被調往密州（今山東諸城）、徐州、湖州等地，任知州縣令，政績顯赫，深得民心。

　　這樣持續了大概十年，蘇軾遇到了生平第一件禍事。當時有人故意把他的詩句扭曲，以諷刺新法為名大做文章，蘇軾到任湖州還不到三個月，就因為作詩諷刺新法，被網織「文字譭謗君相」的罪名，被捕入獄，史稱「烏臺詩案」。

　　蘇軾坐牢一百零三天，幾次瀕臨被砍頭的境地。幸虧北宋在太祖

趙匡胤年間就定下不殺士大夫的國策，蘇軾才算躲過一劫。出獄以後，蘇軾被降職為黃州團練副使。這個職位相當低微，也無實權，而此時蘇軾經此變故已變得心灰意懶，蘇軾到任後，心情鬱悶，曾多次到黃州城外的赤鼻磯遊覽，寫下了〈赤壁賦〉、〈後赤壁賦〉和〈念奴嬌·赤壁懷古〉等千古名作，以此來寄託他謫居時的思想感情。於公餘之際便帶領家人開墾城東的一塊坡地，種田幫補生計，「東坡居士」的別號便是他在這時起的。

宋神宗元豐七年，蘇軾離開黃州，奉詔赴汝州就任。由於長途跋涉，旅途勞頓，蘇軾的幼兒不幸夭折。汝州路途遙遠，且路費也已經花光，再加上喪子之痛，蘇軾便上書朝廷，請求暫時不去汝州，先到常州居住，後被批准。當他準備南返常州時，神宗駕崩。

年幼的哲宗繼位，高太后聽政，以王安石為首新黨被打壓，司馬光重新被啟用為相。蘇軾復為朝奉郎就任登州。四個月後，以禮部郎中被召還朝，半個月後升起居舍人，三個月後，升任中書舍人，不久又升翰林學士，成為為皇帝起草詔書的秘書，正三品，並就任禮部貢舉。

當蘇軾看到新興勢力拼命壓制王安石集團的人物及盡廢新法後，認為他們與所謂「王黨」不過一丘之貉，再次向皇帝提出諫議。他對舊黨執政後，暴露出的腐敗現象進行了抨擊，由此，他又引起了保守勢力的極力反對，於是又遭誣告陷害。

蘇軾至此是既不能容於新黨，又不能見諒於舊黨，因而再度自求外調任職。他以龍圖閣學士的身份，再次到闊別了十六年的杭州當太守。蘇軾在杭州修了一項重大的水利建設，疏濬西湖，用挖出的泥在西湖旁邊築了一道堤壩，也就是著名的「蘇堤」。

蘇軾在杭州過得很愜意，自比唐代的白居易。但元祐六年，他又

被召回朝。但不久又因為政見不合，外放潁州。元祐八年高太后去世，哲宗執政，新黨再度執政，第二年六月，做為寧遠軍節度副使的蘇軾，再次被貶至惠陽。不久，蘇軾又被再貶至更遠的儋州（今海南）。據說在宋朝，放逐海南是僅比滿門抄斬罪輕一等的處罰。後來徽宗繼位，調任他為廉州安置、舒州團練副使、永州安置官。元符三年大赦，又回朝任職，北歸途中，於一一○一年八月卒於常州，葬於汝州郟城縣（今河南郟縣），享年六十四歲，御賜諡號文忠。

▌專家品析 ────────

　　在才俊輩出的宋代，蘇軾在詩、文、詞、書、畫等許多方面均取得了登峰造極的成就，是中國歷史上少有的文學和藝術天才。

　　蘇軾詞風可分三類：一是豪放風格，這是蘇軾刻意追求的理想風格，他以充沛、激昂甚至略帶悲涼的感情融入詞中，寫人狀物以慷慨豪邁的形象和闊大雄壯的場面取勝；二是曠達風格，這是最能代表蘇軾思想和性格特點的詞風，表達了詩人希望隱居、避開亂世、期待和平的願望；三是婉約風格，蘇軾婉約詞的數量在其詞的總數中佔有絕對多數的比例，這些詞感情純正深婉，格調健康高遠，也是對傳統婉約詞的一種繼承和發展。

▌代表作品 ─────────

傳世佳句選摘

1· 但願人長久，千里共嬋娟。

2· 十年生死兩茫茫，不思量，自難忘。

3· 大江東去，浪淘盡、千古風流人物。

4· 人有悲歡離合，月有陰晴圓缺，此事古難全。

5· 欲把西湖比西子，淡妝濃抹總相宜。

6· 不識廬山真面目，只緣身在此山中。

27 詩歌之最，傳世量豐

—— 陸游·南宋

生平簡介

姓　　名　陸游。

別　　名　陸放翁。

出 生 地　越州山陰（今浙江紹興）。

生 卒 年　公元一一二五至一二一〇年。

職業：詩人、詞人。

主要成就　詩風格豪放，氣魄雄渾，多
　　　　　反映民間疾苦，詩歌作品存
　　　　　世量最多。

名家推介

　　陸游（公元 1125-1210），字務觀，號放翁，漢族，越州山陰（今浙江紹興）人。少年時即受家庭中愛國思想薰陶，宋孝宗時賜進士出身。中年入蜀，投身軍旅生活，官至寶章閣待制。晚年退居家鄉，但收復中原信念始終不渝。

　　他是南宋詩人，創作詩歌很多，今存九千多首，內容極為豐富。抒發政治抱負，反映人民疾苦，風格雄渾豪放；抒寫日常生活，也多清新之作。詞作量不如詩篇巨大，但和詩同樣貫穿了氣吞山河的愛國

主義熱情。

▌名家故事 ─────

　　陸游出身於一個世宦家庭，陸游的高祖是宋仁宗時太傅陸軫，祖父陸佃，父親陸宰。當時正值宋朝腐敗不振、屢遭金國進犯的年代。陸游出生次年，金兵攻陷北宋首都汴京，他於襁褓中即隨家人顛沛流離，因受社會及家庭環境影響，自幼就立志殺胡救國。

　　封建家庭雖帶給陸游良好的文化薰陶，尤其是愛國教育，但也帶來婚姻上的不幸。他二十歲時與表妹唐婉結婚，夫妻感情很和諧，可是其母卻不喜歡唐氏，硬逼他們夫妻離散，唐氏改嫁趙士程，陸游也另娶王氏為妻。離婚後陸游非常傷痛，紹興二十五年三十一歲游經沈園時，偶見唐琬夫婦，陸游在沈園牆上寫了〈釵頭鳳〉詞以寄深情，此後屢次賦詩懷念，直至七十五歲時還寫了有名的愛情詩〈沈園〉。唐氏讀了陸游的釵頭鳳後悲痛欲絕，和了一首釵頭鳳，不久便去世了。

　　陸游十二歲就能作詩文，學劍，並鑽研兵書。二十九歲赴臨安省試，名列第一。次年參加禮部考試，因名次居於主和派權臣秦檜的孫子之前，又因不忘國恥的觀點，被權臣秦檜所黜。秦檜死後，紹興二十八年陸游出任福州寧德縣主簿。孝宗繼位，賜進士出身，後因力勸張浚北伐，發生部下將領不合的情況，再加上主和派阻撓，朝廷立即動搖，而陸游也被冠上罪名而遭免職。幾年後，又被朝廷啟用做了夔州通判。

　　乾道八年，主戰將領王炎聘請陸游到幕中襄理軍務，使陸游的生

活發生很大的變化。軍旅生活使他的抱負不禁為之一開，寫出了許多熱情奔放的愛國詩篇。「飛霜掠面寒壓指，一寸丹心唯報國」可說是他這一時期生活和心情的寫照。雖然陸游滿懷報國赤誠，但因朝廷腐敗，只求苟安無意進取，他復國的壯志一直無法得到伸展的機會。

　　淳熙二年，范成大邀請陸游入幕僚，後來成為成都路安撫司參議官。他和范成大素有詩文之交，因此不太拘守官場禮數，以致引起同僚譏諷，又因復國抱負和個人功名長久無法得到伸展的空間，因此常有較放縱輕佻的行為，被同僚指責為「不拘禮法，恃酒頹放」。於是陸游索性自號「放翁」，並在詩中自我解嘲。淳熙五年，被推舉為福建路常平茶鹽，淳熙六年，改任江南西路。淳熙十三年，在嚴州為官。淳熙十五年，擔任軍器少監。之後陸游歷經多次陞降官職，在光宗紹熙元年之後的二十餘年，長期蟄伏在山陰老家農村，家居時因為養生有術，嗜食薏米和木耳，到了晚年，依然耳聰目明。期間雖仍有向朝廷提出抗敵作戰的主張，但始終遭受非議。最後在嘉定二年十二月二十九日抱著未見國土收復的遺恨與世長辭，享年八十六歲。

　　陸游一生力主北伐，雖然屢受主和派排擠打擊，但是他的愛國之情至死不渝，也與尤袤、楊萬里、范成大並稱「南宋四大詩人」。死前曾作〈示兒〉一絕：「死去元知萬事空，但悲不見九州同。王師北定中原日，家祭無忘告乃翁。」堪稱是最能表現陸游創作精神的代表作。

　　陸游一生的詩產量極多，至老仍然創作不懈。實際上創作了一萬多首，經他自己刪汰之後仍有九千三百多首。其詩歌創作大致可分為三期：

　　第一期為少年到中年，時期最長但留存作品最少，約二百首，因陸游將自己早期的作品刪除淘汰的關係。

第二期為四十六到五十四歲，詩約二千四百多首。此時期因深入軍旅生活，詩風變為豪放壯闊，愛國思想也更加提升。此一時期詩歌創作的成熟和豐富，奠定了他作為一代文宗的崇高地位。

第三期為蟄居家鄉到逝世，現存詩六千五百首。數量之所以較多是由於他晚年沒有時間淘汰的緣故。此時期與農民接觸較多，再加上宦海沉浮飽經憂患，並且他年事已高，因此風格轉為清曠淡遠的田園風格和蒼涼的人生感慨。

不過即使詩風前後轉變了三次，但是他詩中還是充滿強烈的愛國情感，這也是他最大的特色與傳頌千古的原因。其它也有較為平淡、清麗、甚至是奇譎的作品，不過那是少數。〈關山月〉、〈書憤〉、〈金錯刀〉、〈農家歎〉、〈黃州〉、〈長歌行〉等，均為其代表作。

▌專家品析 ────

陸游一生堅持抗金主張，雖多次遭受投降派的打擊，但愛國之志始終不渝，死時還念念不忘國家的統一。他是南宋偉大的愛國詩人，他勤於創作，一生寫詩六十年，保存下來就有九千三百多首。陸游作詩的題材極為廣泛，內容豐富，其中表現抗金報國的作品，最能反映那個時代的精神。他的詩風格豪放，氣魄雄渾，近似李白故有「小太白」之稱。

陸游以抒發政治抱負，反映人民疾苦，批判當時統治集團的屈辱投降，風格雄渾豪放，表現出渴望恢復國家統一的強烈愛國熱情。〈關山月〉、〈書憤〉、〈農家歎〉、〈示兒〉等篇均為後世所傳誦。他的名句「山重水複疑無路，柳暗花明又一村」、「小樓一夜聽春雨，

深巷明朝賣杏花」等一直被百姓廣為傳誦。陸游以現存詩作九千多首入選中國世界紀錄協會中國詩歌作品存世量最多的詩人，創造了一項詩歌中國之最。

代表作品

　　陸游作品包括《劍南詩稿》八十五卷、《渭南文集》五十卷、《放翁逸稿》兩卷、《老學庵筆記》八十卷。陸游的名篇〈書憤〉、〈示兒〉、〈遊山西村〉等選入中小學生語文課本。

28 愛國詩人，文書並就

—— 辛棄疾・南宋

▌生平簡介

姓　　名　辛棄疾。

別　　名　稼軒居士、辛幼安。

出 生 地　歷城（今山東省濟南市）。

生 卒 年　公元一一四〇至一二〇七年。

身　　份　詞人。

主要成就　開拓了詞的思想意境、提高
　　　　　了詞的文學地位。

▌名家推介

　　辛棄疾（公元 1140-1207），原字坦夫，改字幼安，別號稼軒，歷城（今山東濟南）人，南宋詞人。

　　辛棄疾一生力主抗金，歷任湖北、江西、湖南、福建、浙東安撫使等職。曾上〈美芹十論〉與〈九議〉，陳訴戰守之策，顯示了他卓越軍事才能與愛國熱忱。其詞抒寫力圖恢復國家統一的愛國熱情，傾訴壯志難酬的悲憤，對當時執政者的屈辱求和頗多譴責；也有不少吟詠祖國河山的作品，題材寬泛又善化用前人典故入詞，風格沉雄豪邁又不乏細膩柔媚之處。作品集有《稼軒長短句》。

▌名家故事 ────────

　　紹興三十一年，金主完顏亮大舉南侵，在他的後方漢族人民由於不堪金人嚴苛的壓榨奮起反抗。二十一歲的辛棄疾也聚集了兩千人，參加由耿京領導的一支聲勢浩大的起義軍，並擔任掌書記。當金人內部矛盾爆發，完顏亮在前線為部下所殺，金軍向北撤退時，辛棄疾於紹興三十二年奉命南下與南宋朝廷聯絡。在他完成使命歸來的途中，聽到耿京被叛徒張安國所殺、義軍潰散的消息，便率領五十多人襲擊敵營，把叛徒擒拿帶回建康，交給南宋朝廷處決。辛棄疾驚人的勇敢和果斷，使他名重一時，宋高宗便任命他為江陰簽判，從此開始了他在南宋的仕宦生涯，這時他才二十五歲。

　　辛棄疾初來南方，對朝廷的怯懦和畏縮並不了解，加上宋高宗趙構曾贊許過他的英勇行為，不久後繼位的宋孝宗也一度表現出想要恢復失地、報仇雪恥的銳氣，所以在他南宋任職的前一時期中，曾熱情洋溢地寫了不少有關抗金北伐的建議，像著名的〈美芹十論〉、〈九議〉等，儘管這些建議書在當時深受人們稱讚，廣為傳誦，但已經不願意再打仗的南宋朝廷卻反映冷淡，只是對辛棄疾在建議書中所表現出的實際才幹很感興趣，於是先後把他派到江西、湖北、湖南等地擔任轉運使、安撫使一類重要的地方官職，屢次派他去治理荒政、整頓治安。這顯然與辛棄疾的理想大相逕庭，雖然他幹得很出色，但由於深感歲月流逝、人生短暫而壯志難酬，內心越來越感到壓抑和痛苦。

　　畢竟現實對辛棄疾是嚴酷的，他雖有出色的才幹，他的豪邁倔強的性格和執著北伐的熱情，卻使他難以在畏縮而又圓滑、嫉賢妒能的官場上立足。另外，由於他是歸順到南宋朝廷的人，尷尬身份也阻攔了他仕途的發展，使他的官職最高為從四品龍圖閣待制。為此，他也

早已做好了歸隱的準備，並在江西上饒的帶湖畔修建了園榭，以便離職後定居。果然，淳熙八年冬，辛棄疾四十二歲時，因受到彈劾而被免職，歸居上饒。此後二十年間，他除了有兩年一度出任福建提點刑獄和福建安撫使外，大部分時間都在鄉閒居。

辛棄疾一向很羨慕笑傲山林的隱逸高人，閒居鄉野同他的人生觀並非沒有契合之處。而且，由於過去的地位，他的生活也盡可以過得頗為奢華。但是，作為一個熱血男兒、一個風雲人物，在正是大有作為的壯年被迫離開政治舞臺，這又使他難以忍受，所以，他常常一面盡情賞玩著山水田園風光和其中的恬靜之趣，一面心靈深處又不停地湧起波瀾，時而為一生的理想所激動，時而因現實的無情而憤怒和灰心，時而又強自寬慰，做曠達之想，在這種感情起伏中度過了後半生。

宋寧宗嘉泰三年，主張北伐的韓侂胄起用主戰派人士，已六十四歲的辛棄疾被任為紹興知府兼浙東安撫使，年邁的詞人精神為之一振。第二年，他晉見宋寧宗，慷慨激昂地說了一番金國「必亂必亡」，並親自到前線鎮江任職。

宋寧宗開禧元年，辛棄疾任鎮江知府，時年六十五歲，登臨北固亭，感歎對自己報國無門的失望，憑高望遠，撫今追昔，於是寫下了〈永遇樂‧京口北固亭懷古〉這篇傳唱千古之作。但他又一次受到了沉重打擊，在一些諫官的攻擊下被迫離職，於當年重回故宅閒居。雖然後兩年都曾被召任職，無奈年老多病，身體衰弱，終於在開禧三年秋天溘然長逝，享年六十七歲。

辛棄疾是南宋最負盛名的偉大詞人，是我國文學史上最重要的作家之一。由於恢復失地、抗金救國的偉大理想不能實現，他就用詞這一文學武器來進行鬥爭，來抒寫自己積鬱於心的複雜情感。他的重要

詞篇，表現了收復中原、統一祖國的強烈願望，反映了建功立業、報效祖國的堅強決心，批判了南宋王朝偏安江左、妥協投降的錯誤政策，抒發了自己虛度歲月、壯志難酬的滿腔悲憤。他還寫下一些歌詠祖國壯麗河山與描繪農村風土人情的作品。辛棄疾繼承和發展了蘇軾開創的豪放詞風，進一步擴大了詞的題材和表現手法，突破了詩、詞、文的界限。他善於以詩、以文為詞，常用暗喻和比興手法，使詞旨委婉含蓄並具有沉鬱頓挫的韻致，他的詞，雖然以雄渾豪放為主，但也不缺乏清麗婉約之作。

辛棄疾有《稼軒詞》和《稼軒長短句甲乙丙丁稿》，存詞六百餘首。主要代表作有〈菩薩蠻〉、〈摸魚兒〉、〈木蘭花慢〉、〈清平樂〉、〈賀新郎〉、〈西江月〉、〈水龍吟〉、〈永遇樂〉、〈祝英臺近〉等。

▋專家品析 ————

辛棄疾是文學史上產生過巨大影響的詞人。當時，以辛棄疾為核心曾經出現一大批以抒寫愛國思想為主的豪放詞人，辛棄疾在擴大詞的內容和發展詞的藝術表現手法方面是具有不可磨滅的歷史功績的。

辛棄疾的詞一方面以他英雄豪傑的志向與理念突破了詞內容意境的傳統；另一方面更以他英雄豪傑式的藝術手段突破了詞寫作藝術的傳統。辛詞的藝術手段可分為語言與形象兩個主要方面：在語言方面，辛詞特善用古，也善用俗，語彙最為豐富，而且句式駢散頓挫，語法變化多姿；在形象方面，辛詞最大的特點是能在形象中隨處引起感發，表現作者的志趣和理念，使形象與情感完美地結合起來。

代表作品

永遇樂・京口北固亭懷古

千古江山，英雄無覓，孫仲謀處。舞榭歌臺，風流總被，雨打風吹去。斜陽草樹，尋常巷陌。人道寄奴曾住。想當年，金戈鐵馬，氣吞萬里如虎。

元嘉草草，封狼居胥，贏得倉皇北顧。四十三年，望中猶記，烽火揚州路。可堪回首，佛狸祠下，一片神鴉社鼓。憑誰問：廉頗老矣，尚能飯否？

29 四家之首，元曲開宗
—— 關漢卿‧元

▍生平簡介 ————

姓　　名	關漢卿。
別　　名	已齋、齋叟。
出 生 地	解州（今山西省運城）。
生 卒 年	約公元一二二○至約一三○○年。
身　　份	文學家、戲曲家。
主要成就	「元曲四大家」之首。他的劇作為元雜劇的繁榮與發展打下了堅實的基礎，他是元代雜劇的奠基人。

▍名家推介 ————

　　關漢卿（約公元 1220-約 1300），號已齋、已齋叟。漢族，解州人（今山西省運城），關於他的籍貫，還有祁州（今河北省安國縣）伍仁村、大都（今北京市）人等說法。

　　他是元代雜劇作家，是中國古代戲曲創作的代表人物，與馬致遠、鄭光祖、白樸並稱為「元曲四大家」，是「元曲四大家」之首。

▍名家故事 ——————

有關關漢卿生平的資料缺乏，只能從零星的記載中窺見大略。南宋滅亡之後，關漢卿曾到過當時南方戲曲演出的中心杭州，寫有〈南呂一枝花・杭州景〉套曲，還曾到過揚州，寫曲贈著名女演員朱簾秀，有「十里揚州風物妍，出落著神仙」的佳句。

關漢卿是一位熟悉勾欄伎藝的戲曲家，他和雜劇作家楊顯之、梁進之、費君祥，散曲作家王和卿以及朱簾秀等均有交往，和楊顯之、王和卿更見親密。

從思想內容看，關漢卿戲劇大致可分為三類：

第一類是歌頌人民的反抗鬥爭、揭露社會黑暗和統治者的殘暴、反映了當時尖銳的階級矛盾的作品。如著名的〈竇娥冤〉，此作品是他悲劇代表作，被列入世界大悲劇之中，反映了人們的鬥爭精神，控訴社會黑暗。

第二類主要是描寫下層婦女的生活和鬥爭，突出她們在鬥爭中的勇敢和機智。那些貌似強大的壞人，在聰明的對手面前，一個個被弄得像泄了氣的皮球，因此作品也帶有更多的喜劇意味。其中以〈救風塵〉最有代表性。

第三類是歌頌歷史英雄的雜劇，以〈單刀會〉的成就為最突出。劇中主角關羽的出場在第三折，但第一、第二折已通過喬國老和司馬徽的口渲染了他的英雄業績和蓋世威風，造成了強烈的戲劇氣氛。

關漢卿劇是中國古典戲曲藝術的一個高峰，關漢卿嫻熟地運用元代雜劇的形式，在塑造人物形象、處理戲劇衝突、運用戲曲語言各方面均有傑出的成就。

關漢卿的劇作把塑造正面主人公放在首要的地位。〈竇娥冤〉自

始至終把戲集中在竇娥身上，先寫她悲慘的身世，順之展開她和流氓
地痞的衝突，再集中寫貪官污吏對她的壓迫，最後寫她的復仇抗爭。
〈單刀會〉先烘託關羽的英雄氣概，使關羽雖未上場但已有先聲奪人
的強烈效果。在中國文學史上，還沒有一個戲曲家像關漢卿那樣塑造
出如此眾多而又鮮明的藝術形象，在〈竇娥冤〉、〈望江亭〉、〈拜月
亭〉、〈西蜀夢〉、〈詐妮子〉等劇裏，出色的心理描寫打開了作品人
物內心世界的窗扉，成為塑造主要人物形象不可缺少的藝術手段。在
處理戲劇衝突方面，關漢卿善於提煉激動人心的戲劇情節。這裏有善
良無辜的寡婦被屈斬而天地變色的奇跡（〈竇娥冤〉）；有單槍匹馬
懾伏敵人的英雄業績（〈單刀會〉、〈單鞭奪槊〉）；有忍痛送妻子去
讓權豪霸佔的丈夫（〈魯齋郎〉）；有讓親生兒子償命而保存前妻兒
子的母親（〈蝴蝶夢〉）；有被所愛的人拋棄而被迫為他去說親的婢
女（〈詐妮子〉），這些情節看來既富有傳奇色彩，又都是紮根在深
厚的現實土壤裏的作品。

　　關劇緊湊集中，不枝不蔓，省略次要情節以突出主要事件。〈竇
娥冤〉在這方面最為傑出，它除用楔子作序幕，交代竇娥身世外，接
下的四折戲都以衝突為主，至於竇娥的結婚、丈夫的病死等事件均一
句帶過，甚至連竇娥丈夫的名字作者都沒有交代。

　　關劇善於處理戲劇衝突還表現在它的過場戲簡潔，戲劇場面隨步
換形，富於變化。在〈望江亭〉、〈拜月亭〉、〈單鞭奪槊〉、〈哭存孝〉
等劇尤為突出，如〈哭存孝〉劇中，劉夫人到李克用處為李存孝說
情，眼看李存孝就要得救了，突然劉夫人出去看打圍落馬的親子，李
存信乘機進讒，李存孝隨即被車裂。這樣處理戲劇場面，搖曳多姿，
變化莫測，出觀眾意想之外，又在人物情理之中，效果十分強烈。

　　關漢卿是一位傑出的語言藝術大師，他汲取大量民間生動的語

言，鎔鑄精美的古典詩詞，創造出一種生動流暢的語言風格。關劇的本色語言風格還表現在人物語言的性格化上，語言很符合人物身份。如竇娥的樸素無華，趙盼兒的俐落老辣，宋引章的天真淳樸，謝天香的溫柔軟弱，杜蕊娘的潑辣幹練，皆惟妙惟肖，宛如口出。同是反面人物，葛彪的語言粗魯強橫，惡霸凶徒的本色；周舍的語言幹練利索，很符合他「酒肉場中三十載，花星整照二十年」的老狎客身份；楊衙內的語言粗鄙，有時卻附庸風雅，裝模作樣；張驢兒語言流裏流氣，切合他流氓無賴的性格。

關漢卿是中國文學史和戲劇史上一位偉大的作家，他一生創作了許多雜劇和散曲，成就卓越。他的劇作為元雜劇的繁榮與發展打下了堅實的基礎，他是元代雜劇的奠基人。

▌專家品析 ────

關漢卿的雜劇內容具有強烈的現實性和彌漫著昂揚的戰鬥精神，關漢卿生活的時代，政治黑暗腐敗，社會動盪不安，階級矛盾和民族矛盾十分突出，人民群眾生活在水深火熱之中。他的劇作深刻地再現了社會現實，充滿著濃鬱的時代氣息，反映生活面十分廣闊，既有對官場黑暗的無情揭露，又熱情謳歌了人民的反抗鬥爭。慨慷悲歌，樂觀奮爭，構成關漢卿劇作的基調。

在關漢卿的筆下，寫得最為出色的是一些普通婦女形象，關漢卿描寫了她們的悲慘遭遇，刻畫了她們正直、善良、聰明、機智的性格，同時又讚美了她們強烈的反抗意志，歌頌了她們敢於向黑暗勢力展開搏鬥、至死不屈的英勇行為，在那個特定的歷史時代，奏出了鼓舞人民鬥爭的主旋律。

▌代表作品 ─────

　　關漢卿是位偉大的戲曲家，後世稱關漢卿為「曲聖」。代表作品有：〈竇娥冤〉、〈救風塵〉、〈單刀會〉。他的劇作被譯為英文、法文、德文、日文等，在世界各地廣泛傳播，外國人稱它是「東方的莎士比亞」。

30 家喻戶曉，西廂廳記

—— 王實甫・元

▌生平簡介

姓　　名　王實甫。

別　　名　德信。

出 生 地　大都（今北京市）。

生 卒 年　公元一二六〇至一三三六年。

身　　份　戲曲家。

主要成就　「元曲四大家」之一。

▌名家推介

　　王實甫（公元 1260-1336），名德信，大都（今北京市）人。王實甫著有雜劇十四種，現存《西廂記》、《麗春堂》、《破窯記》三種。《破窯記》寫劉月娥和呂蒙正悲歡離合的故事，有人懷疑不是王實甫的手筆。另有《販茶船》、《芙蓉亭》二種，各傳有曲文一折。

▌名家故事

　　王實甫的祖籍是今河北保定的定興縣，他的父親王逖勳從質子軍，跟隨成吉思汗西征至西域，娶信仰伊斯蘭教的阿嚕渾氏為妻，阿

嚕渾人在元代為色目人，也稱回回人。

王實甫不僅出身官宦名門之家，而且他自己也是做過官的。先以縣官入仕，因治縣有名氣，後提升為陝西行臺監察御史，四十歲棄官不做。王實甫本來前途無量，卻棄官不做，回到大都後，他一頭栽進關漢卿的「玉京書會」，出入於歌臺舞榭之中，廝混於勾欄瓦舍之間，開始了他的戲劇創作生涯。

元大都時期的西四磚塔胡同一帶，有勾欄數十處，是元雜劇演出的主要場所，也是三教九流聚集的地方。王實甫、關漢卿等整日流連於此，能體味到社會下層人的生活，反映他們的願望。

王實甫一生共創作了十四部雜劇，除〈崔鶯鶯待月西廂記〉、〈呂蒙正風雪破窯記〉、〈四丞相歌舞麗春堂〉留有全本外，還有〈蘇小卿月夜販茶船〉、〈韓彩雲絲竹芙蓉亭〉各一折。他的代表作《西廂記》，在戲劇結構、矛盾衝突、人物塑造等方面，都取得了很高的藝術成就，無論是思想性，還是藝術性，都達到了元雜劇的一個高峰，成為最具舞臺生命力的一部佳作。《西廂記》》所表達的「願普天下有情人都成眷屬」的思想，在中國文學史上還是第一次。《西廂記》突破了元雜劇一本四折的格式，長達五本二十一折，不因篇幅限制而造成劇情簡單化和模式化的缺點，這一形式上的大膽革新，對後來的戲劇創作起到了引領作用。

《西廂記》不僅是一部戲劇，它也是中國文學史上的一部不朽名著。《西廂記》描寫書生張生在寺廟中遇見崔相國之女崔鶯鶯，兩人產生愛情，通過婢女紅娘的幫助，歷經坎坷，終於衝破封建禮教束縛而結合的故事。王實甫的雜劇《西廂記》有鮮明、深刻的反封建的主題，張生和崔鶯鶯的戀愛故事，已經不再停留在「才子佳人」的模式上，也沒有把「夫貴妻榮」作為婚姻的理想。它否定了封建社會傳統

的聯姻方式，始終追求真摯的感情，愛情已被置於功名利祿之上。《西廂記》結尾處，在中國文學史上第一次正面地表達了「願普天下有情人都成眷屬」的美好願望，表達了反對封建禮教、封建婚姻制度、封建等級制度的進步主張，鼓舞了青年男女為爭取愛情自由、婚姻自主而抗爭。《西廂記》之所以能成為元雜劇的「壓卷」之作，不僅在於其表現了反對封建禮教和封建婚姻制度的進步思想，而且它在戲劇衝突、結構安排、人物塑造等方面，都取得了很高的藝術成就。《西廂記》的戲劇衝突有兩條線索。一條是封建勢力的代表「老夫人」與崔鶯鶯、張生、紅娘之間展開的衝突，這是維護封建禮教的封建勢力和反對封建禮教、追求婚姻自主的叛逆者之間的衝突。此外，《西廂記》還有由崔鶯鶯、張生、紅娘之間的種種矛盾引起的另一條戲劇衝突的線索，這些衝突雖然屬次要，卻是大量的，錯綜複雜的，常常和主要矛盾交織在一起，互相影響，推動戲劇情節一環扣一環地發展，具有強烈的戲劇效果，這正是《西廂記》令人叫絕之處。《西廂記》的角色不多，戲卻很多，情節曲折。《西廂記》的結構規模在中國戲劇史上是空前的，它突破了元雜劇的一般慣例，用長篇巨製來表現一個曲折動人的完整的愛情故事，因此它避免了其它元雜劇由於篇幅限制而造成的劇情簡單化和某種程度的模式化的缺點，能夠遊刃有餘地展開情節、刻畫人物。這是王實甫的一個創舉。

　　《西廂記》最突出的藝術成就是成功地塑造了栩栩如生、性格各異的人物形象，王實甫很善於按照人物的地位、身份、教養以及彼此之間的具體關係，準確地把握人物的性格特徵；並且調動多種藝術手段，生動、鮮明地將其表現出來。崔鶯鶯、張生、紅娘、老夫人都由於王實甫的卓越才能而成為不朽的藝術典型。

　　王實甫的《西廂記》問世以後，在中國文學史上產生了廣泛而深

遠的影響。其版本數量眾多，流傳至今的明、清刻本約有一百種。明、清兩代的眾多學者對《西廂記》評價很高，直到近現代《西廂記》的各種版本依舊活躍在舞臺上，備受人們的讚賞。

▍專家品析 ─────

　　《西廂記》可以說是元雜劇中影響最大的。它以五本的宏大規模來上演一對青年男女追求自由的愛情與婚姻的故事，不僅題材引人喜愛，而且人物能刻畫得豐滿細緻，情節能夠表現得曲折動人，再配以與浪漫的內容相稱的秀麗優雅而又活潑的語言，自然有一種不同尋常的魅力。

　　《西廂記》通常被評價為一部「反封建禮教」的作品，這當然不錯。但同時它也有一個顯著的特點，是作者很少從觀念的衝突上著筆，而是直接切入生活本身，來描繪青年男女對自由的愛情的渴望，情與欲的不可遏制和正當合理，以及青年人的生活願望與出於勢利考慮的家長意志之間的衝突。《西廂記》以很高的藝術水準來展現一個美麗的愛情故事，使得它格外動人。

▍代表作品 ─────

　　王實甫的代表作品有《西廂記》、《麗春堂》、《破窯記》等，其中《西廂記》在元代雜劇中具有「天下奪魁」的藝術成就。作者突破了元雜劇每劇四折的結構，全劇寫了五本，共二十一折，內容豐富，情節緊湊，故事曲折動人。劇中成功地塑造了栩栩如生的人物形象，

鶯鶯、張生、紅娘和老夫人都是古典戲曲中傑出的典型。在心理描寫
和景物氣氛的渲染上，也都具有感人的藝術魅力。作品文辭優美，詩
意濃厚，很多曲文感情色彩強烈，富於音樂節奏，歷來為人們所傳
頌。

31 匠心獨運，膾炙人口
—— 馬致遠·元

▌生平簡介 ————

姓　　名	馬致遠。
別　　名	東籬。
出 生 地	河北滄州市東光縣馬祠堂村。
生 卒 年	約公元一二六四至一三二四年。
身　　份	戲曲作家。
主要成就	元曲四大家之一。

▌名家推介 ————

　　馬致遠（約公元 1264-1324），漢族，河北省東光縣馬祠堂村人，馬致遠字「千里」，晚年號「東籬」，以表示傚仿陶淵明之志。

　　他的藝術創作晚於關漢卿、白樸等人，與關漢卿、鄭光祖、白樸並稱「元曲四大家」，是中國元代時著名大戲劇家、散曲家。其所做雜劇今知有十五種，《漢宮秋》是其代表作，散曲一百二十多首，有輯本《東籬樂府》。

▌名家故事 ─────

　　馬致遠青年時期仕途坎坷，中年中進士，曾任江浙行省官吏，後在大都任工部主事。馬致遠晚年不滿時政，隱居田園，自娛自樂，死後葬於祖塋。

　　從他的散曲作品中可以知道，他年輕時熱衷功名，有很遠大的政治抱負，但一直沒能實現，在經過了二十年漂泊生涯之後，他看透了人生的恥辱，於是有退隱林泉的念頭，晚年過著世外桃源的閒適生活。馬致遠早年即參加了雜劇創作，是「貞元書會」的主要成員，與文士王伯成、李時中，藝人花李郎、紅字李二都有交往，也是當時最著名的「四大家」之一。馬致遠從事雜劇創作的時間很長，名氣也很大，有「曲狀元」之譽。

　　馬致遠著有雜劇十五種，存世的有〈江州司馬青衫淚〉、〈破幽夢孤雁漢宮秋〉、〈呂洞賓三醉岳陽樓〉、〈半夜雷轟薦福碑〉、〈馬丹陽三度任風子〉、〈開壇闡教黃粱夢〉、〈西華山陳摶高臥〉七種。馬致遠的散曲作品也負盛名，現存輯本《東籬樂府》一卷，收入小令一百零四首，套數十七套。其雜劇內容以神化道士為主，劇本全都涉及全真教的故事，元末明初賈仲明在詩中說：「萬花叢中馬神仙，百世集中說致遠」。

　　在馬致遠生活的年代，蒙古統治者開始注意到「遵用漢法」和任用漢族文人，卻又未能普遍實行，這給漢族文人帶來一絲幻想和更多的失望。馬致遠早年曾有仕途上的抱負，他的一套失題的殘曲中自稱「寫詩曾獻上龍樓」，卻長期毫無結果。後來擔任地方小官吏，也是完全不能滿意的，在職的時間也並不長，在這樣的蹉跎經歷中，他漸漸心灰意懶，一面懷著滿腹牢騷，一面宣稱看破了世俗名利，以隱士

高人自居，同時又在道教中求解脫。

馬致遠的《漢宮秋》在傳說的基礎上再加虛構，把漢和匈奴的關係寫成衰弱的漢王朝為強大的匈奴所壓迫；把昭君出塞的原因，寫成毛延壽求賄不遂，在畫像時醜化昭君，事敗後逃往匈奴，引兵來攻，強索昭君；把漢元帝寫成一個軟弱無能、為群臣所挾制而又多愁善感、深愛王昭君的皇帝；把昭君的結局，寫成在漢與匈奴交界處的黑龍江投江自殺。這樣，〈漢宮秋〉成了一種假借一定的歷史背景而加以大量虛構的宮廷愛情悲劇。

《漢宮秋》是馬致遠早期的作品，也是馬致遠雜劇中最著名的一種，是描寫王昭君出塞和親故事，歷史上的這一事件，原只是漢元帝將一名宮女嫁給內附的南匈奴單于作為籠絡手段，在《漢書》中的記載也很簡單。而《後漢書・南匈奴傳》加上了昭君自請出塞和辭別時元帝驚其美貌、欲留下而不能的情節，使之帶上一種故事色彩，後世筆記小說、文人詩篇及民間講唱文學屢屢提及此事，對歷史事實多有改造。

《青衫淚》是由白居易〈琵琶行〉敷演而成的愛情劇，虛構白居易與妓女裴興奴的悲歡離合故事，中間插入商人與鴇母的欺騙破壞，造成戲劇糾葛。在士人、商人、妓女構成的三角關係中，妓女終究是愛士人而不愛商人，這也是落魄文人的一種自我陶醉。

馬致遠寫得最多的是「神仙道化」劇。《岳陽樓》、《陳摶高臥》、《任風子》以及《黃粱夢》，都是演藝全真教事蹟，宣揚全真教教義的。這些道教神仙故事，主要傾向都是宣揚浮生若夢、富貴功名不足憑，要人們意念為空，擺脫家庭妻小在內的一切羈絆，在山林隱逸和尋仙訪道中獲得解脫與自由。劇中主張迴避現實矛盾，反對人們為爭取自身的現實利益而鬥爭，這是一種懦弱的悲觀厭世的態度。但另一

方面，劇中也對社會現狀提出了批判，對以功名事業為核心的傳統價值觀提出了否定，把人生的自我適應放在更重要的地位，這也包涵著重視個體存在價值的意義，雖然作者未能找到實現個體價值的合理途徑。

在眾多的元雜劇作家中，馬致遠的創作最集中地表現了當代文人的內心矛盾和思想苦悶，並由此反映了一個時代的文化特徵。與此相關聯，馬致遠的劇作，大抵寫實的能力並不強，人物形象的塑造也不怎麼突出，戲劇衝突通常缺乏緊張性，而自我表現的成分卻很多。包括《漢宮秋》這樣的歷史題材的作品在內，劇中人物往往游離了戲劇衝突，做大段的抒情，這常常是馬致遠在借劇中人物表現自己的喜怒哀樂。

▎專家品析 ────────

前人對馬致遠的雜劇評價很高，主要有兩個原因：一是劇中所抒發的人生情緒容易引起舊時代文人的共鳴。二是就是語言藝術的高超，馬致遠雜劇的語言偏於典麗，但又不像《西廂記》、《梧桐雨》那樣華美，而是把比較樸實自然的語句錘鍊得精緻而富有表現力。

馬致遠同時是撰寫散曲的高手，是元代散曲大家，有「曲狀元」之稱。今存散曲約一百多首，他的寫景作如〈天淨沙·秋思〉，如詩如畫，餘韻無窮，成為他的歎世之作，揮灑淋漓地表達了他的真情性，他在元代散曲作家中，被看做是「豪放」派的主將，他雖也有清婉的作品，他的語言熔詩詞與口語為一爐，創造了散曲的獨特意境。

▌代表作品 ────────

　　馬致遠的他的作品有十五種，今存《漢宮秋》、《薦福碑》、《岳陽樓》、《青衫淚》等七種，另有《黃粱夢》，是他和幾位藝人合作的，以《漢宮秋》最著名。散曲有《東籬樂府》，小令〈天淨沙·秋思〉膾炙人口，匠心獨運，自然天成，絲毫不見雕琢痕跡。

32 江湖豪俠，水泊梁山
—— 施耐庵・元

生平簡介

姓 名	施耐庵。
別 名	施彥端，字肇端，號子安。
出 生 地	江蘇興化。
生 卒 年	公元一二九六至一三七一年。
身 份	元末明初小說家。
主要成就	白話體小說創作。

名家推介

施耐庵（公元 1296-1371），元末明初文學家，原名施彥端，字肇端，號子安，別號耐庵，漢族，施耐庵祖籍江蘇泰州海陵縣，出生於江蘇興化。

他博古通今，才氣橫溢，對於諸子百家，詞章詩歌，天文、地理、醫卜、星象等技術無不精通，三十五歲曾中進士，後棄官歸故里，閉門著述，搜集整理關於梁山泊宋江等英雄人物的故事，最終寫成「四大名著」之一的《水滸傳》。

▌名家故事 ─────────

施耐庵自幼聰明好學，元延祐元年考中秀才，泰定元年中舉人，至順二年榮登進士。不久任錢塘縣尹，因替窮人辯冤遭到縣官的訓訴，於是辭官回家。

元至正十三年，白駒場鹽民張士誠等十八名壯士率壯丁起義反元。張士誠敬重施耐庵文韜武略，再三邀請他為軍幕，施耐庵抱著建造「王道樂所」的宏遠計劃欣然前往，為張士誠獻了許多攻城奪地的計策。後因張士誠居功自傲，獨斷專行，親信佞臣，疏遠忠良，施耐庵幾次諫勸，張士誠都不予採納，於是憤然離開平江，並作《秋江送別》套曲贈予同在張幕的魯淵、劉亮等人，此後，浪跡江湖，替人醫病解難。

施耐庵後來在江陰祝塘財主徐騏家中坐館，除了教書以外，還與拜他為師的羅貫中一起研究《三國》、《三遂平妖傳》的創作，搜集、整理北宋末年以宋江為首的一百零八人在水泊梁山起義的故事，定名為《江湖豪客傳》。至正二十七年，朱元璋滅掉了張士誠後，到處搜捕張士誠的部屬。為避免麻煩，施耐庵徵求興化好友顧逖的意見，在白駒修了房屋，從此隱居，專心《江湖豪客傳》的創作，《江湖豪客傳》成書後，定為《水滸傳》，施耐庵寫完《水滸傳》後沒過幾年就病逝了。

《水滸傳》雖然依託於史實，但人物情節幾乎完全出於創作，用的是純粹的白話。此前的文言小說雖然也能寫得精美雅致，但終究是脫離口語的書面語言，要做到「繪聲繪色、惟妙惟肖」八個字總是困難的。施耐庵以很高的文化修養，駕馭流利純熟的白話，來刻畫人物的性格，描述各種場景，顯得極其生動活潑。特別是寫人物對話時，

更是聞其聲如見其人，其效果是文言所不可能達到的，有了施耐庵的
《水滸傳》，白話文體在小說創作方面的優勢得到了完全的確立，這
在整個中國文學史上的意義極為深遠。

　　《水滸傳》主要是在民間說話和戲劇故事的基礎上形成的，它把
許多原來分別獨立的故事經過改造組織在一起，既有一個完整的長篇
框架，又保存了若干仍具有獨立意味的單元，可以說是一種「板塊」
串聯的結構。從長篇小說的結構藝術來說，這固然有不成熟的地方，
但從塑造人物形象來說，卻也有其便利之處。一些最重要的人物，在
有交叉的情況下，各自佔用連續的幾回篇幅，他們的性格特徵得到集
中的描繪，表現得淋漓盡致，給人以極深刻的印象。後來民間評書有
專說宋江、石秀、武松等人的，也正是發揮了《水滸傳》這一特點。

　　《水滸傳》最值得稱道的地方，無疑是在人物形象的塑造方面。
施耐庵以自己對社會生活的廣泛了解、深刻的人生體驗和豐富活躍的
藝術想像，加上前面所說的語言和結構的長處，達到了長篇小說前所
未有的成就。武松的勇武豪爽，魯智深的嫉惡如仇、暴烈如火，李逵
的純然天真、戇直魯莽，林沖的剛烈正直，無不栩栩如生，使人過目
難忘。作為梁山第一號人物的宋江，由於施耐庵把相互衝突的江湖道
德和正統道德加在他一個人身上，有些地方是顯得觀念化的。但透過
一些不成功的筆墨，這個人物仍有他鮮明的特徵：社會地位不高而胸
懷遠大，在正常的讀書做官的軌道上難以求得成功，終於成為草莽英
雄。歷史上一些造反武裝的領袖，很多是這一種類型。

　　小說中許多不重要的人物以及反面人物，雖然著墨不多，卻寫得
相當精彩。像高俅發跡的一段，寫他未得志時對權勢人物十足的溫順
乖巧、善於逢迎，一旦得志，公報私仇、欺凌下屬，又是逞足了威
風，凶蠻無比，這種略帶漫畫味的描繪有很強的真實感。還有楊志賣

刀所遇到的牛二，那種潑皮味道真是濃到了家。潘金蓮是小說中寫得比較成功的女性。雖然施耐庵出於陳舊的道德觀念對她缺乏同情心，但從對生活的觀察出發，還是把這個出身卑微、受盡欺凌，在不幸的人生中不惜以邪惡手段追求個人幸福的女子寫得活靈活現。後來《金瓶梅》用她做主要人物，固然有很大的發展，但畢竟也是利用了《水滸傳》的基礎。

《水滸傳》繼承了民間說話的傳統、十分重視故事情節的生動曲折。它很少靜止地描繪環境、人物外貌和心理，而總是在情節的展開中通過人物的行動來刻畫人物的性格。這些情節又通常包含著激烈的矛盾衝突，包含偶然性的作用和驚險緊張的場面，包含著跌宕起伏的變化，富於傳奇色彩。這種非凡人物與非凡故事的結合，使得整部小說充滿了緊張感，很能引人入勝。不過到了七十一回梁山大聚義以後，情節就變得鬆垮散漫，人物也大多失去了原有的色彩。因為梁山的好漢們在這以後所做的事情，同他們原來的性格及人生取向全然背反，而英雄被招安而走向失敗的道路，沒有深刻的悲劇意識是無法寫好的。金聖歎把《水滸傳》截到原書第一百二十回為止，是一百零八人梁山起義的故事。

▌專家品析 ─────

《水滸傳》通常被評價為一部正面反映和歌頌農民起義的小說。當然，小說中描寫的梁山泊的某些基本宗旨與歷史上農民起義所提出的要求有相同的地方，但另一方面也要注意到，《水滸傳》中的人物和故事，基本上都是出於藝術虛構，可以說，除了「宋江」這個人名

和反政府武裝活動的大框架外，它與歷史上宋江起義的事件沒有多少關係。

　　這部以北宋末年社會為歷史背景的小說所揭露的社會黑暗現象，實際在封建專制時代具有普遍意義，《水滸傳》堪稱是中國白話文學的一座里程碑。有了《水滸傳》，白話文體在小說創作方面的優勢得到了完全的確立，這在整個中國文學史上的意義極為深遠。

▌代表作品

　　《水滸傳》又名《忠義水滸傳》，一般簡稱《水滸》，由著名文學家施耐庵作於元末明初，是中國歷史上第一部用白話文寫成的章回小說，是中國四大名著之一。其版本眾多，流傳極廣，膾炙人口。

33 章回鼻祖，著作甚豐
—— 羅貫中 · 元

生平簡介

姓　　名　羅貫中。

別　　名　名本，字貫中。

出　生　地　山東東原（一說山西、福建）。

生　卒　年　約公元一三三〇至約一四四〇年。

身　　份　小說家、戲劇家。

主要成就　中國章回小說的鼻祖。

名家推介

　　羅貫中（約公元 1330-約 1400），漢族，山東東原（今山東東平縣）人。名本，字貫中，號湖海散人。他是元末明初著名小說家、戲曲家，是中國章回小說的鼻祖。

　　羅貫中的一生著作頗豐，主要作品有：劇本《趙太祖龍虎風雲會》、《忠正孝子連環諫》、《三平章死哭蜚虎子》，小說《隋唐兩朝志傳》、《殘唐五代史演義》、《三遂平妖傳》、《粉妝樓》，代表作《三國演義》等。

▌名家故事 ────

　　元代中期，由於滅宋戰爭的創傷逐漸平息，社會的經濟、文化重心也開始由北方轉移到了南方。南宋的故都杭州不僅成為人口雲集、商業發達的繁華城市，也成為戲劇演出和「說話」藝術發展的重要中心。因此，不少北方的知識分子如關漢卿、鄭光祖等人，都先後搬遷到了杭州一帶。身為小說兼雜劇作家的羅貫中，也必然受到這一社會潮流的影響，成為這類南遷作家中的一個。羅貫中號「湖海散人」，這個稱號就寄寓著漫遊江湖、浪跡天涯的意味。大約在公元一三四五──一三五五年間，他來到了杭州，許多說話藝人在這裏說書，一些雜劇作家也在這裏活動。羅貫中對民間文學又極其喜愛，到了這裏，自然不願離開遠去。

　　約在公元一三六〇──一三六三年間，羅貫中來到了起事稱霸的張士誠那裏做客，但是，張士誠並不重視知識分子，也不聽取他們的意見。至正二十三年九月，劉亮、魯淵等人紛紛離去，不久，羅貫中也離開了張士誠，再次北上，到至正二十六年，羅貫中又回到了杭州。這時，他已是五十多歲的人了，對歷史、對人生都有了比較成熟的看法，完全具備了創作《三國志通俗演義》的條件。到明太祖洪武三年，羅貫中已寫了十二卷，之後數卷的寫作，是洪武四年以後的事了。

　　在羅貫中寫作《三國志通俗演義》期間，施耐庵從蘇州遷移到興化，並在洪武三年逝世。為了紀念他的師友施耐庵，羅貫中在完成《三國志通俗演義》之後，決定加工、增補施氏的《水滸傳》。成書於洪武四年至十年之間。在加工、增補《水滸傳》的同時，羅貫中繼續創作歷史演義系列作品。

　　羅貫中在創作完了這些作品以後，已是六十幾歲的老人了。他為了出版這些作品，於洪武十三年左右從杭州來到福建，因為當時福建的建陽是出版業的中心，但是，羅貫中的這一目的未能實現。

　　羅貫中的創作才能是多方面的，他寫過樂府隱語和戲曲，但以小說成就為主，今存署名羅貫中的作品，除《三國志通俗演義》外，還有《隋唐志傳》、《殘唐五代史演義傳》和《三遂平妖傳》，這些作品中《三國志通俗演義》的成就最高。全書以宏大的結構描繪了三國時期複雜的政治軍事鬥爭，起自黃巾起義，終於西晉統一。《三國演義》在描寫近一百年的歷史故事中不但揭露了封建帝王階級對農民起義的殘酷鎮壓，而且揭露了他們之間各種政治、軍事和外交的激烈鬥爭。同時，也反映了當時人民遭受的種種苦難，以及他們反對分裂，要求統一的願望。大約在公元一三八五至一三八八年間，羅貫中活了七十歲，在盧陵逝世。

　　古典名著《三國演義》成書幾百年來享有崇高之極的地位，沒有任何一部小說比得上，近三百年來，向來稱之為「第一才子書」，或「第一奇書」。這部在華人世界家喻戶曉的古典小說，婦孺皆知，影響之廣可謂空前絕後！《三國演義》其中包涵的思想精髓、社會萬象、智謀權變可謂博大精深，每一次品讀都有不同的感受，都有不一樣的收穫，這就是名著的力量，這就是文化的風采。然而就是這樣一部小說，幾百年來似乎還是沒有被人完全領悟，即使是資深的三國迷、歷史學家、文化巨匠，似乎也不能完全理解透徹。

　　《三國演義》提供了不少戰爭經驗和各種軍事科學知識，對戰爭的描寫是很出色的。官渡之戰、赤壁鏖兵、水淹七軍、火燒連營等都寫有聲有色、引人入勝。同時，也為後人提供了豐富的戰略戰術經驗和教訓。

　　《三國演義》為如何寫作歷史小說，提供了「七分事實，三分虛構」基本經驗。《三國演義》中的歷史事作和人物，大都是真實的。黃巾起義、董卓之亂、官渡、赤壁之戰等，在歷史上，真有其事；董卓、曹操、袁紹、劉表、劉備、孫權以及關羽、張飛、諸葛亮等，在歷史上，也確有其人。這就是「七分事實」。歷史小說的創作，在涉及歷史之時，原則上要符合歷史的真實，不可杜撰或捏造。否則，就不是歷史小說了。但另一方面，《三國演義》又不等於三國歷史，它畢竟是一部小說。所以，其中不少內容和情節是虛構誇張的。

　　《三國演義》是一部藝術性很高的作品，但它也有種種不足，如否定農民起義的錯誤立場，封建迷信等，然而它畢竟是一部偉大的文學名著，羅貫中也因此在中國文學史上佔有重要地位。

▌專家品析 ────

　　《三國演義》開創了歷史小說的先河。自羅貫中把三國歷史寫成小說以來，文人紛紛效法，各取中國歷史一段，寫成各種歷史小說，於是，在中國文學史上，歷史小說便蔚然成為一大潮流。明代比較有名的歷史小說就有《東周列國志》、《楊家將演義》、《說唐》、《精忠傳》等。直到現在，中國幾千年的歷史都已被寫成了各種歷史小說。近幾年出版的《五千年演義》等，無不是羅貫中歷史演義的繼承和發展。

▌代表作品 ────────

羅貫中主要作品有：劇本《趙太祖龍虎風雲會》、《忠正孝子連
環諫》、《三平章死哭蜚虎子》，小說《隋唐兩朝志傳》、《殘唐五代
史演義》、《三遂平妖傳》、《粉妝樓》、《三國演義》、《隋唐兩朝志傳》
等。

34 神話小說，西遊記著

—— 吳承恩·明

生平簡介

姓　　名	吳承恩。
別　　名	射陽山人。
出 生 地	淮安府山陽縣（今江蘇省淮安市）。
生 卒 年	公元一五〇一至一五八二年。
身　　份	小說家。
主要成就	開創了神怪小說的先河，並將古代浪漫主義推向高峰。

名家推介

　　吳承恩（公元 1501-1582），字汝忠，號射陽山人。漢族，淮安府山陽縣（今江蘇省淮安市楚州區）人。

　　吳承恩是中國明代著名小說家，中國古典文學名著、神話小說《西遊記》的作者，世界文化名人。

▌名家故事 ────────

　　吳承恩出生於一個由下級官吏淪落為小商人的家庭，他的父親吳銳性格樂觀曠達，奉行常樂哲學，為兒子取名承恩，字汝忠，意思希望他能讀書做官，上承皇恩，下澤黎民，做一個青史留名的忠臣。吳承恩小時候勤奮好學，一目十行，過目成誦，他精於繪畫，擅長書法，愛好填詞度曲，對圍棋也很精通，還喜歡收藏名人的書畫字帖。少年時代他就因為文才出眾而在故鄉出了名，受到人們的賞識。

　　他除勤奮好學外，特別喜歡搜奇獵怪，愛看神仙鬼怪、狐妖猴精之類的書籍。如《百怪錄》、《酉陽雜俎》之類的小說或野史，在這類五光十色的神話世界，潛移默化中他養成了搜奇獵怪的嗜好，隨著年齡的增大，這種愛好有增無減，這對他創作《西遊記》有著重大的影響。

　　步入青年時代的吳承恩是狂放不羈、輕世傲物的年輕人，社會地位的低下，貧窮困苦的處境，使這位大才子狂放不羈，招來了紛至沓來的嘲笑，被人交口稱譽的日子一去不復返了。吳承恩約二十歲時，與同鄉一位姓葉的姑娘結婚，婚後感情融洽，吳承恩雖然狂放不羈，但他品行端正，忠於自己的妻室。嘉靖十年，吳承恩在府學歲考和科考中獲得了優異成績，取得了科舉生員的資格，與朋友結伴去南京應鄉試。然而才華不如他的同伴考取了，他這位譽滿鄉里的才子卻名落孫山，第二年春天，他的父親懷著遺憾去世了。接受初次失敗的教訓，吳承恩在以後三年內，專心致志地在時文上下了一番苦功，嘉靖十三年秋的考試中卻仍然沒有考中。吳承恩羞恨交加，這年冬天病倒了。兩次鄉試的失利，再加上父親的去世，對吳承恩的打擊是沉重的，在他看來，考不中舉人，不僅花費大量錢財，而且愧對父母，有

負先人。但他並不以為自己沒考取是沒本事，而只是命運不濟。

他想扭轉乾坤，但是懷才不遇，壯志未酬，只能空懷慷慨、臨風歎息。後來一度的生活困頓給吳承恩帶來的壓力並不小於科考的失利。父親去世以後，他需要操持全家的所有開支，但他卻沒有支撐門戶的能力，更沒有養家活口的手段。家中生活來源，除了每月從學府裏領回六斗米外，只能坐食父親所留遺產了。品嘗了社會人生酸甜苦辣的吳承恩，開始更加清醒深沉地考慮社會人生的問題，並且用自己的詩文向不合理的社會進行抗爭。

嘉靖二十九年，四十五歲左右的吳承恩謀取功名的一番抱負還是沒有實現。按照明代的科舉制度，凡是取得秀才資格滿了一定年限而又屢應鄉試落榜，一律由學政（主持全省文教的最高官員）將他姓名報送朝廷，聽候適當安排，叫做「入貢」。於是，吳承恩成了一名歲貢生，等京城聽候朝廷授職或者安排其它的出路。在北京等候了兩個多月的吳承恩，結果大失所望，他沒有得到官職，卻被安排到南京國子監讀書。此後十多年，直到吳承恩五十九歲的時候，他一直在南京國子監肄業。到六十歲左右，吳承恩才得了個長興縣丞（正八品）的官職，相當於一個副縣長。因吳承恩生來剛正不阿，當然不適應黑暗時代官場的那一套，僅僅做了一年多時間的縣丞，就大大惹惱了上司，被誣陷為貪污受賄而革職拘禁，不久案情大白，得以釋放。後來，朝廷補授吳承恩為荊府紀善，為正八品官員，在荊王府裏當教師。時間不長，因年老有病，吳承恩便辭官回家，回家後，吳承恩潛心整理文稿和著述，終於寫成了驚世駭俗的文學名著《西遊記》。從三十歲開始，他搜求的奇聞有了創作的打算，到五十歲左右，他寫了《西遊記》的前十幾回，後來因故中斷了多年，直到晚年辭官離任回到故里，他才得以最後完成《西遊記》的創作。

　　吳承恩是一個偉大的文學家，一生的著作極其豐富，但是因為
「家貧無子」，絕大部分已散失了，現存的著作除了馳名世界的《西
遊記》和一部詩文集《射陽先生存稿》存世外，另外還有他寫的一部
短篇小說《禹鼎志》，編輯的一部詞集《花草新編》，其它均已失傳。
吳承恩散失的文稿，是現在世傳存稿的十倍，也可能百倍。

　　《西遊記》已被譯為二十多個國家的文字，外國翻譯家把《西遊
記》的書名翻譯成五花八門，有的譯為《猴與豬》，有的譯為《神魔
歷險記》，有的譯為《中國的仙境》，有的就直接譯為《猴子》。國外
人們認為《西遊記》裏孫悟空、豬八戒寫得生動有趣，對這兩個人物
情有獨鍾，唐僧、沙僧寫得蒼白無力，對這兩個人物不屑一顧。《西
遊記》在中國文學史上，被譽為「四大奇書」之一，成為世界文壇瑰
寶。

▌專家品析 ────

　　吳承恩傑出的長篇神魔小說《西遊記》以唐代玄奘和尚赴西天取
經的經歷為藍本，在《大唐西域記》、《大唐慈恩寺三藏法師傳》等
作品的基礎上，經過整理、構思最終寫定。

　　作品借助神話人物抒發了吳承恩對現實的不滿和改變現實的願
望，折射出他渴望建立「君賢神明」的王道之國的政治理想。小說借
助唐僧師徒在取經路上經歷的八十一難折射出人間現實社會的種種情
況。小說想像大膽，構思新奇，在人物塑造上採用人、神、獸三位一
體的塑造方法，創造出孫悟空，豬八戒等不朽的藝術形象。全書組織
嚴密，繁而不亂，語言活潑生動且夾雜方言俗語，富於生活氣息。主

題上沖淡了故事原有的宗教色彩，大大豐富了作品的現實內容，具有
民主傾向和時代特點。作品諷刺幽默，呈現出不同於以往取經故事的
獨特風格。

代表作品

　　《西遊記》是古代長篇小說浪漫主義的高峰，在世界文學史上，
它也是浪漫主義的傑作。《美國大百科全書》認為它是「一部具有豐
富內容和光輝思想的神話小說」；《法國大百科全書》說：「全書故事
的描寫充滿幽默和風趣，給讀者以濃厚的興味。」從十九世紀開始，
它被翻譯為日、英、法、德、俄等十來種文字流行於世。

35 震川文集，明文第一

—— 歸有光・明

姓　　名	歸有光。
別　　名	字熙甫，又字開甫，別號震川。
出 生 地	崑山（今江蘇崑山）。
生 卒 年	公元一五〇六至一五七一年。
身　　份	散文家。
主要成就	博採唐宋諸家之長，把日常生活中的瑣事引入古文中來，為散文的發展開闢了一片新的境界。

▌名家推介 ——————

　　歸有光（公元 1506-1571），明代散文家、文學家、古文家。字熙甫，又字開甫，別號震川，明代崑山（今江蘇崑山）人，後徙居嘉定（今上海嘉定）。他是「唐宋八大家」與清代「桐城派」之間的橋樑，他的散文被稱作「明文第一」，有「今之歐陽修」的讚譽，世稱「震川先生」。

文學上，歸有光以散文創作為主，其散文繼承歐陽修的文風，文風樸實自然，渾然天成，無故意雕鑿痕跡，是中國明代散文大家。著有《震川集》、《三吳水利錄》、《項脊軒志》等。

▌名家故事

歸有光八歲時，年僅二十五歲的母親就丟下三子兩女與世長辭，父親是個窮縣學生，家境破落。也許就是這種困境，迫使年幼的歸有光過早地懂得了人間憂難，開始奮發攻讀。十四歲應童子試，二十歲考了個第一名，補蘇州府學生員，同年到南京參加鄉試。開始時對舉業滿懷信心，可是，鄉試卻連連落第，五上南京，五次無名，寒窗十五載，三十五歲時才以第二名中舉。此時的歸有光已是縱觀三代兩漢之文，遍覽諸子百家，上自九經二十一史，下至農圃醫卜之類無所不精。歸有光的古文和俞仲蔚的詩歌、張子賓的制藝被譽為當時「崑山三絕」。當時主試江南的張文毅稱呼歸有光是「賈（誼）、董（仲舒）再世」。以歸有光的才學和聲望，考取進士應是勝券在握了。在鄉試高中的同年冬天，歸有光雇上車馬日夜兼程北上，準備應第二年的禮部會試。誰知這次會試還是名落孫山。南下還鄉後，他移居就近的嘉定安亭江上，開始了一邊讀書應試，一邊談道講學的生涯。四方學士紛紛慕名而來，少時十幾人，多時百餘人。歸有光的家境一直困貧，全靠妻子王氏料理家事維持生計。在安亭期間，歸有光專心講學，縱論文史，談經說道，一時間弟子滿門，海內學者文士皆稱歸有光為震川先生。震川先生名揚海內，連恃才居傲的徐文長對歸有光也肅然起敬。然而歸有光的命運卻是困頓不堪。三年一次的會試，次次遠涉

千里而去，一連八次都是落第而歸。四十三歲失去了最心愛的長子，時隔一年，又失去了任勞任怨、與己分憂的妻子王氏。仕途的坎坷把這位名揚海內的古文家長期拋棄在荒江僻壤上，加之失子喪妻的哀痛，使他的生活更加艱難。

此期間明穆宗尚未登位。穆宗身邊的一位寵幸的宦官仰慕歸有光之名，讓姪子拜歸有光為師，並幾次讓歸有光進京私謁這位宦官，都被歸有光斷然拒絕。穆宗登位後，這位宦官權勢更大，歸有光仍然絕不和他往來。歸有光耿直正派、不事權貴的品格，表現在他整個人生的各個方面。在古文領域裏，他始終堅持己見，不為群言所惑，敢於與當時統治文壇的權威相抗爭。

嘉靖四十四年，歸有光第九次參加會試時終於中了個三甲進士，這時年已六十歲。滿腹詩文經義、一心想為國出力的歸有光雖年已花甲，壯志依舊未衰。因為是三甲，不能授館職，只能到僻遠的長興當知縣。長興地處山區，長期沒有知縣，大小事務都由胥吏把持，豪門大族勾結官府為非作歹，監獄裏關滿了無辜的百姓，盜賊橫行，民間雞犬不寧。當時有人勸歸有光不要去上任，但他卻毅然前往。他到長興後的第一件事就是興辦學校，培養人才。第二件事是整治惡吏，平反冤獄。把無辜獲死罪的三十餘人釋放出獄，為無辜受誣入獄的一百零七人平了反，把魚肉百姓的惡吏和捕卒快手嚴加法辦。每次審判聽訟都讓婦女兒童環立案前，不用官話而用吳語審訊，以便百姓申訴。常常當堂決斷，而極少具獄。歸有光一心想學習兩漢循吏，做廉潔剛正之官。在長興的短短兩年中，歸有光實實在在為百姓做了幾件好事，深受百姓擁戴。隆慶二年，六十三歲的歸有光升任順德通判，一到任上還是兢兢業業，一絲不苟。他利用馬政通判的清閒，廣閱史籍，採訪掌故，修了一部完備的《馬政志》。隆慶四年，歸有光到北

京朝賀萬壽節，同年升為南京太僕寺寺丞，但仍然留在北京掌內閣制敕房，纂修《世宗實錄》。時來運轉的是自己能進內閣藏書樓，讀到內閣所藏異書。不幸，正在這大開眼界準備顯露自己的才華，以完成平生之願的時候，卻被病魔纏身。他雖然帶病堅持了一段時間，但終於在第二年抱恨死於北京，時年六十六歲。

歸有光一生著作很多，涉及經史子集各領域，但是其主要成就則在散文創作上。博採唐宋諸家之長，繼承了唐宋古文運動的傳統，同時又在唐宋古文運動的基礎上有所發展。他進一步擴大了散文的題材，把日常生活中的瑣事引入古文中來，使之更密切地和生活聯繫起來。這樣，就容易使文章寫得情真意切，平易近人，給人以清新之感。尤其是一些敘述家庭瑣事或親舊的生死聚散的短文，寫得樸素簡潔、悱惻動人。幾百年來，人們讀到歸有光的這些敘事散文，就像一泓甘甜的泉水沁人心脾，給人以美的享受，為散文的發展開闢了一片新的境界。歸有光善於捕捉生活中貌視十分平常的細節和場面，寥寥幾筆，形神即現，給人難忘的印象，且在平淡簡樸的筆墨中，飽含著感人至深的真摯感情。

▌專家品析

歸有光的作品以散文為主，〈項脊軒志〉是他的名篇，文章借項脊軒的興廢，寫出與之有關的家庭瑣事，表達人亡物在、三世變遷的感慨，也表達了他懷念祖母、母親和妻子的感情。

歸有光的散文理論論述了文章的起源、特性和功用，地位和價值，繼承和發展，創作的獨創性，作者的修養等問題，它揭示了文章

的以自我表現為中心的巨大表現力；強調文章的生命力能與歷史社會共生長相始終，其地位和價值取決於自身的貢獻，而非權勢所能支配；繼承和發展散文要有「自知」、「自得」；為文要勇於獨創，自抒己見；作者應努力擴展生活閱歷，滌除不良習氣。這些主張對明清散文的進一步發展都有過良好影響。

▌代表作品 ────────

歸有光的作品有《震川集》、《三吳水利錄》、〈項脊軒志〉等。其中〈項脊軒志〉是歸有光散文的代表作，用幾件小事表達了唯真、樸素、簡潔的為官作風。文章寄情於敘事之中，情之真，意之切，讀者無不為之動容，具有大家風範。

36 戲曲名家，牡丹亭記
—— 湯顯祖・明

生平簡介

姓　　名　湯顯祖。
字　　　　義仍。
出 生 地　江西臨川。
生 卒 年　公元一五五〇至一六一六年。
身　　份　戲曲家。
主要成就　戲曲創作。

名家推介

　　湯顯祖（公元 1550-1616），字義仍，號海若、若士、自號清遠道人，別號玉茗堂主人，江西臨川人。

　　他是中國明代戲曲家、文學家。在戲曲創作方面，反對擬古和拘泥於格律，創作了戲曲《牡丹亭》、《邯鄲記》、《南柯記》、《紫釵記》，合稱《玉茗堂四夢》，以《牡丹亭》最著名。在戲曲史上，和關漢卿、王實甫齊名，在中國乃至世界文學史上都有著重要的地位，被譽為「東方的莎士比亞」。

名家故事

湯顯祖天資聰慧，從小受家庭薰陶，勤奮好學。五歲時進家塾讀書，十二歲能詩，十三歲與徐良傅學古文詞，二十一歲中了舉人。按他的才學，在仕途上可以說應該能步步登高才對。但是，隨著整個明代社會的墮落，科舉制度也越來越腐敗，考試成了上層統治集團營私舞弊的幕後交易，成為確定貴族子弟世襲地位的騙局，而不以才學論人。萬曆五年、萬曆八年兩次會試，當朝首輔張居正要安排他的幾個兒子中進士，為遮掩世人耳目，又想找幾個有真才實學的人作陪襯。他打聽到最有名望的舉人無過於湯顯祖和沈懋學等人，就派了自己的叔父去籠絡他們，聲言只要肯同宰相合作，許諾要他們幾個一定能中在頭幾名。以宰相之威勢，加以許多人夢寐以求的誘惑，沈懋學等出賣了自己，果然中了高科；但湯顯祖卻潔身自好，不為所動。他雖然並不反對張居正的政治改革，但作為一個正直的知識分子，他憎惡這種腐敗的風氣，因而先後兩次都拒絕了招攬。

結果是可想而知的，湯顯祖名落孫山。而且，在張居正當權的年月裏，他永遠落第了。但是，湯顯祖卻以高尚的人格和潔白的操守，得到有志人士的稱讚。張居正死後，張四維、申時行相繼為相，他們也曾許他以翰林的地位拉攏湯顯祖，他都一一拒絕了。三十四歲，湯顯祖以極低的名次中了進士，布滿荊棘的仕途從此開始。他先在北京禮觀政，次年以七品官到南京任太常寺博士。一住七年，自永樂以來，南京是明朝的留都。雖各部衙門俱全，實際上毫無權力，形同虛設，太常寺更是其中的閒職。

萬曆十九年，湯顯祖在南京禮部祠祭司主事的任上，上了一篇〈論輔臣科臣疏〉，嚴詞彈劾首輔申時行和科臣楊文舉、胡汝寧，揭

露他們竊盜威柄、貪贓枉法、剋扣饑民的罪行，疏文對萬曆登基二十年的政治都作了抨擊。疏文一出，神宗大怒，一道聖旨就把湯顯祖放逐到雷州半島的徐聞縣為典史。一年後遇赦，內遷為浙江遂昌知縣。在遂昌他治理有方，深受百姓擁戴。他有時下鄉勸農，這種古循吏的作風，終於使浙中這塊僻瘠之地大為改觀，桑麻牛畜都興旺起來。也許湯顯祖是把這裏當做他的理想王國了，在上述善政之外，竟然擅自放監獄中的囚犯回家過年，元宵節讓他們上街觀燈，為實施自己的政治主張一無顧忌，這使他的政敵終於抓住了把柄，待考覈官員的時機一到，他們就出來暗語中傷。湯顯祖自然知道有人想趕走他，萬曆二十六年，聽說朝廷將派稅使來遂昌擾民，他不堪忍受，便不待別人攻擊，給吏部遞了辭呈，他也不等批准，就揚長而去，回到家鄉。後來，吏部和都察院以「浮躁」為由正式給他一個罷職閒住的處分。湯顯祖離遂昌任上後，曾在臨川和李贄相見。李贄後來在獄中自殺後，湯顯祖作詩哀悼。他還推崇反理學的達觀禪師，稱李贄和達觀是一「雄」、一「傑」，他們的影響在很大程度上構成了湯顯祖在創作中表現出來的揭露腐敗政治、反對程朱理學和追求個性解放的思想基礎。

湯顯祖一生蔑視封建權貴，常得罪名人。晚年淡泊守貧，不肯與郡縣官合作，這種性格作風使他和暢行氣節、抨擊當時腐敗政治的東林黨人顧憲成、鄒元標等交往密切，湯顯祖的這種性格特點在作品中也有明顯反映。

湯顯祖少年時和羅汝芳學習，羅汝芳是泰州學派王艮的三傳弟子，這一學派繼承了王守仁哲學思想中的有積極意義的部分，加以發展，又稱「左派王學」。這個學派抨擊程朱理學，懷疑封建教條，反對束縛個性。萬曆年間左派王學的最突出代表人物是李贄。在文學思想上，湯顯祖與公安派反覆古思潮相呼應，明確提出文學創作首先要

「立意」的主張，把思想內容放在首位，這些思想在他的作品中都得到了具體體現。

　　湯顯祖雖然也創作過詩文等，但成就最高的還是戲曲，他是中國古代繼關漢卿之後的又一位偉大的戲劇家。他的戲劇創作現存主要有五種，即「玉茗堂四夢」（或稱「臨川四夢」）及《紫簫記》。「玉茗堂四夢」即《紫釵記》、《牡丹亭》、《邯鄲記》、《南柯記》。這四部作品中，湯顯祖最得意、影響最大的當數〈牡丹亭〉。

▌專家品析 ————

　　湯顯祖不僅不畏懼權勢，而且當復古文學思潮籠罩海內時，他有主見，絕不隨波逐流。這不是說湯顯祖有一種先天性的反抗性格，這實際上是他接受古代優秀的文化思想，特別是在當時歷史條件下接受了資本主義萌芽時期反理學、反傳統、反專制的思想影響的結果。

　　湯顯祖在當時和後世都有很大影響。即使是認為他用韻任意、不講究曲律的評論家，也幾乎無一不稱讚《牡丹亭》。

▌代表作品 ————

　　在湯顯祖多方面的成就中，以戲曲創作為最，其戲劇作品《牡丹亭》、《紫釵記》、《南柯記》和《邯鄲記》合稱「臨川四夢」，又稱「玉茗堂四夢」，其中《牡丹亭》是他的代表作。其詩作有《玉茗堂全集》四卷、《紅泉逸草》一卷，《問棘郵草》兩卷。

37 三言通俗，文字獨異
—— 馮夢龍・明

▍生平簡介

姓　　名　馮夢龍。

別　　名　龍子猶、墨憨齋主人。

出 生 地　蘇州府吳縣長洲（今蘇州）。

生 卒 年　公元一五七四至一六四六年。

身　　份　作家。

主要成就　更定傳奇，修訂詞譜，以及
　　　　　在戲曲創作和表演上提出主
　　　　　張。

▍名家推介

　　馮夢龍（公元 1574-1646），字猶龍，又字子猶，號龍子猶、墨憨齋主人、顧曲散人、吳下詞奴、姑蘇詞奴、前周柱史等，漢族，蘇州府吳縣（今江蘇省蘇州市）人。明代文學家、戲曲家。

　　他的作品比較強調感情和行為，最有名的作品為《古今小說》（《喻世明言》）、《警世通言》、《醒世恒言》，合稱「三言」。三言與淩濛初的《初刻拍案驚奇》、《二刻拍案驚奇》合稱「三言兩拍」，是中國白話短篇小說的經典代表。馮夢龍以其對小說、戲曲、民歌、笑

話等通俗文學的創作、搜集、整理、編輯,為中國文學做出了獨異的
貢獻。

▌名家故事 ────

馮夢龍一生有涉及面如此廣,數量如此多的著作,這除了和他本
人的志趣和才華有關外,也和他一生的經歷密不可分。他從小愛好讀
書,他的童年和青年時代與封建社會的許多讀書人一樣,把主要精力
放在誦讀經史考取科舉上。

然而他的科舉道路卻十分坎坷,屢試不中,後來在家中著書。因
為熱戀一個叫侯慧卿的歌妓,與蘇州的茶坊酒樓下層生活頻繁接觸,
這為他熟悉民間文學提供了第一手的資料。他的《桂枝兒》、《山歌》
民歌集就是在那時創作的。

直到崇禎三年,他五十七歲時,才補為貢生,次年破例被授任為
丹徒訓導,崇禎七年升任福建壽寧知縣,四年以後回到家鄉。天下動
盪的局勢中,在清兵南下時,馮夢龍還以七十歲高齡,奔走反清,他
除了積極進行宣傳,刊行《中興偉略》書籍之外,上疏陳述國家衰敗
之因,無奈江河日下,迴天無力,於清順治三年春憂憤而死,一說被
清兵所殺。

馮夢龍所著「三言」中每個短篇小說集各四十篇,共一百二十
篇,「三言」的內容很複雜,在優秀的話本中,主要表現以下幾方面
的內容。

(一)通過動人的愛情故事,描寫了被壓迫婦女追求幸福生活的
願望,抨擊了封建制度對婦女的壓迫。〈杜十娘怒沉百寶

箱〉是其中最優秀的一篇，也是明代話本中成就最高的作品。小說塑造了一個光輝的女性形象杜十娘。她是京城的「教坊名姬」，為了擺脫非人的境遇，她迫切要求過普通人的生活。她相信李甲的愛情後，便與貪酷的鴇母展開了種種鬥爭，終於憑藉自己的機智，跳出了火坑。但在她和李甲一起回家的途中，李甲竟在金錢引誘和個人利害考慮下，把她出賣給富商孫富。十娘悲憤填膺，痛罵李甲之後，就抱持寶匣，投身於滾滾波濤之中，用自己的青春和生命，控訴了這個罪惡的社會，維持了她對愛情的理想。小說寫十娘投江之後，旁觀的人皆咬牙切齒，都想拳毆李甲和孫富，反映了人民對這些紈綺子弟和市儈的憎恨；同時也表現了作者的鮮明愛憎。〈玉堂春落難逢夫〉，通過妓女玉堂春和貴族公子王景隆之間一段悲歡離合的故事，反映了下層婦女被人摧殘的悲慘境遇；〈宋小官團圓破氈笠〉，讚揚了劉宜春對宋金的堅貞不渝的愛情；〈金玉奴棒打薄情郎〉，批判了莫稽的富貴易妻；都是影響較大的作品。

（二）描寫封建統治階級內容鬥爭，表現了人民對封建統治者罪惡的憤怒譴責。明中葉後，封建統治階級更趨腐朽，統治集團內部的鬥爭也更為激烈，這是產生這些作品的現實土壤。〈沈小霞相會出師表〉就是直接反映當時統治階級內部忠奸鬥爭的作品，小說寫忠言直諫、嫉惡如仇的沈鏈和權奸嚴嵩父子及其黨羽之間的鬥爭，基本情節都有史實依據，小說熱情地歌頌了支持沈蓮父子鬥爭的賈石和馮主事，又塑造了沈小霞有見識、有才幹的婦女的形象，在危

難中協助丈夫機智地逃出了解差的手掌。〈灌園叟晚逢仙
女〉寫一個莊稼漢出身名叫秋先的老者，酷愛栽花種果，
他有滿園的奇花異草，人都叫他花癡，惡霸張委想霸佔這
座花園，初說買，後來要他送，並趁著酒性，任意折損花
木，踐踏花圃。後來在花神的幫助下，使落花返枝，更增
鮮豔。張委就此誣告他為妖人，形成冤獄，最後又仰仗花
神的力量，懲治了惡霸，救出了秋先。作品反映的雖然不
是封建統治階級內部的鬥爭，但對封建統治者的揭露和批
判卻極為深刻，小說中出現的浪漫主義情節，正是表達了
當時人民群眾反抗封建壓迫的意志。

（三）歌頌友誼，斥責背信棄義的行為。這類作品的大批出現，
說明了當時政治的黑暗，社會風氣的惡劣，也反映了明朝
中葉後城市工商業的繁榮，市民階層的壯大。這些作品中
所描寫的「友誼」的內容，雖然還不能算是新的東西，但
體現這種「友誼」的主人公並不局限於封建文人，出現了
手工業者，這是一種新的現象，在一定程度上反映了時代
的特徵。在〈喬太守亂點鴛鴦譜〉、〈張廷秀逃生救父〉、
〈一文錢小隙造奇冤〉等作品中表現得很突出。而「三言」
在細節描寫和人物內心活動的刻畫上，更趨於豐富、細
膩。

綜合馮夢龍的小說創作，他的文學主張主要有下面三點：

第一，馮夢龍在文學上主張「情真」。他重感情，認為情是溝通
人與人之間最可貴的東西，甚至提出要設立一種「情教」，用它取代
其它的宗教。情真、事真、理真是馮夢龍在各種文學形式中反覆提到
的，是他追求的總目標，有很高的理論價值。

第二，他雖然不反對文言小說，他的《情史》便收集了很多文言作品，但他更強調文學作品的通俗性，作品通俗易懂才具有強烈的藝術感染力。

第三，馮夢龍主張文學有教化作用，而且主張把社會教化的內容和通俗易懂的形式結合起來。

▌專家品析 ────

馮夢龍編選的「三言」代表了明代話本的成就，是中國古代白話短篇小說的寶庫。「三言」各四十篇，共一百二十篇，較多地涉及市民階層的經濟活動，表現了小生產者之間的友誼；也有一些宣揚封建倫理綱常、神仙道化的作品；其中表現戀愛婚姻的占很大比例。馮夢龍在小說、戲曲、文藝理論上都做出了傑出貢獻，在文學史上具有重要的地位。

馮夢龍所編纂的這些書，從出版學的角度來看，有一個共同的重要特點就是注重實用。他的那些記錄以及歷史事件的著作在當時具有很強的新聞性；他的那些解說經書的輔導教材受到科舉士子們的歡迎；他的那些供市井百姓閱讀的話本、長篇、小說類書，以及劇本民歌、笑話等有更大的讀者群，為書商帶來了巨大的利潤。這也使馮夢龍的編輯工作，具有一定的近代市場經濟下出版業的特色。

▌代表作品 ────

馮夢龍勤於著作，作品總數超過五十種。編選的「三言」代表了

明代擬話本的成就，是中國古代白話短篇小說的寶庫。《智囊》、《古
今談概》、《情史》三部書，可謂馮夢龍在「三言」之外的又一個「三
部曲」系列的小說類書。

38 旅遊指南，霞客遊記
—— 徐弘祖・明

▌生平簡介

姓　　名	徐宏祖。	
別　　名	徐霞客。	
出 生 地	江蘇江陰市。	
生 卒 年	公元一五八七至一六四一年。	
身　　份	地理學家。	
主要成就	用散文的方式記述地理奇觀，古今第一人。	

▌名家推介

　　徐霞客（公元 1587-1641），名弘祖，字振之，號霞客，漢族，明南直隸江陰（今江蘇江陰市）人。偉大的地理學家、旅行家、探險家、散文家和文學家。

　　他自二十二歲起出遊，三十餘年間遊歷了今日的江蘇、浙江、山東、河北、山西、陝西、河南、安徽、江西、福建、廣東、廣西、湖南、湖北、貴州、雲南和北京、天津、上海等十九個省、市、自治區。他經歷艱辛萬苦，將自己的觀察所得，以日記的形式，把地理形成、水文、地質、植物等做了詳細記錄，死後由季夢良整理成《徐霞

客遊記》傳於後世。

▌名家故事 ────────

　　從二十二歲起，徐霞客開始了遊歷考察生涯，三十多年間，他先後四次進行了長距離的跋涉。徐霞客在完全沒有政府資助的情況下，先後遊歷了十九個省、市、自治區，東到浙江的普陀山，西到雲南的騰沖，南到廣西南寧一帶，北至天津薊縣的盤山，足跡遍及大半個中國。

　　更可貴的是，在三十多年的旅行考察中，他主要是靠徒步跋涉，連騎馬乘船都很少，還經常自己背著行李趕路。他尋訪的地方，多是荒涼的窮鄉僻壤，或是人跡罕見的邊疆地區。他不避風雨，不怕虎狼，與長風為伍，與雲霧為伴，以野果充饑，以清泉解渴。他幾次遇到生命危險，出生入死，嘗盡了旅途的艱辛。

　　徐霞客在遊歷考察過程中，曾經三次遭遇強盜，四次絕糧。傳說中的湘江遇盜、跳水脫險的事，是他五十一歲時的第四次出遊。這次出遊，他計劃考察湖南、湖北、廣西、貴州、雲南等地。出遊不久，就在湘江遇到強盜，他的一個同伴受傷，他的行李、旅費被洗劫一空，他自己也險些喪命。當時，有人勸他不如回去，並要資助他回鄉的路費，但他卻堅定地說：「我帶著一把鐵鍬來，什麼地方不可以埋我的屍骨呀！」徐霞客繼續頑強地向前走去，沒有糧食了，他就用身上帶的綢巾去換幾竹筒米，沒有旅費了，就用身上穿的夾衣、襪子、褲子去換幾個錢。重重的困難被他踩在腳下，他終於達到了自己的目的。

　　還有一次，那是一個雨後的夜晚，在湘水之中停泊的一艘客船上，乘客們在連日陰雨之後，看到了皎潔的明月，觀賞月光下的山形水色，精神頓覺爽朗異常。正當乘客們盡興之後上床休息時，忽然喊殺聲驟起，一群強盜竄上船來，一時火炬亂晃，刀光劍影交錯，大難降臨船上。這時，只見一個人飛身跳入水中，逆流而行，躲進了別的船裏。這個跳水的人，年約五十開外，身材修長，看上去精力旺盛，行動敏捷。他就是徐霞客。

　　二十八歲那年，他來到溫州攀登雁蕩山。他想起古書上說的雁蕩山頂有個大湖，就決定爬到山頂去看看。當他艱難地爬到山頂時，只見山脊筆直，簡直無處下腳，怎麼能有湖呢？可是，徐霞客仍不肯甘休，繼續前行到一個大懸崖，路沒有了，他仔細觀察懸崖，發現下面有個小小的平臺，就用一條長長的布帶子繫在懸崖頂上的一塊岩石上，然後抓住布帶子懸空而下，到了小平臺上才發現下面斗深百丈，無法下去，他只好抓住布帶，腳蹬懸崖，吃力地往上爬，準備爬回崖頂。爬著爬著，突然間帶子斷了，幸好他機敏地抓住了一塊突出的岩石，不然就會掉下深淵粉身碎骨。徐霞客把斷了的帶子結起來，又費力地向上攀援，終於爬上了崖頂。還有一次，他去黃山考察，途中遇到大雪，當地人告訴他有些地方積雪有齊腰深，看不到登山的路無法上去，徐霞客沒有被嚇住，他拄了一根鐵杖探路，上到半山腰，山勢越來越陡，山坡背陰的地方最難攀登，路上結了堅冰，又陡又滑，腳踩上去就滑下來。徐霞客就用鐵杖在冰上鑿坑，腳踩著坑一步一步地緩慢攀登，終於爬了上去。山上的僧人看到他都十分驚奇，因為他們被大雪困在山上已經好幾個月了。他還走過福建武夷山的三條險徑：大王峰的百丈危梯，白雲岩的千仞絕壁和接筍峰的「雞胸」、「龍脊」。在他登上大王峰時，已是日頭將落，下山尋路也找不到，他就

用手抓住攀懸的荊棘，「亂墜而下」。他在中嶽嵩山，從太室絕頂上也是順著山峽往下懸溜下來的。徐霞客驚人的遊跡，的確可以說明他是一位千古奇人。

徐霞客在跋涉一天之後，無論多麼疲勞，無論在什麼地方住宿，他都堅持把自己考察的收穫記錄下來，他寫下的遊記有二百六十多萬字，可惜大多失散了，留下來的經過後人　整理成書，就是著名的《徐霞客遊記》。這部書是把科學和文學融合在一起的一大「奇書」。

徐霞客最後一次出遊是在一六三六年，這次他主要遊歷了我國的西南地區，一直到達中緬交界的騰越（今雲南騰沖），到一六四〇年重新返回家鄉。他回鄉不久就病倒了，他在病中還翻看自己收集的岩石標本，臨死前，他手裏還緊緊地握著考察中帶回的兩塊石頭。

徐霞客，後世讚譽他為大旅行家、地理學家、文學家乃至史學家，徐霞客被稱為「千古奇人」、《徐霞客遊記》被譽為「千古奇書」。

▌專家品析 —————

徐霞客的遊歷，並不是單純為了尋奇訪勝，更重要的是為了探索大自然的奧秘，尋找大自然的規律，徐霞客在山脈、水道、地質和地貌等方面的調查和研究都取得了超越前人的偉大成就。

徐霞客在地理科學上的貢獻很多。除上述所說，他對火山、溫泉等地熱現象也都有考察研究，對氣候的變化，對植物因地勢高度不同而變化等自然現象，都作了認真的描述和考察。此外，他對農業、手工業、交通的狀況，對各地的名勝古蹟和少數民族的風土人情，也都有生動的描述和記載。《徐霞客遊記》這部奇書，在文學上的價值也很高，篇篇都可以說是優美的散文。

代表作品 —————

　　《徐霞客遊記》開闢了地理學上系統觀察自然、描述自然的新方向，既是系統考察中國地貌地質的地理名著，又是描繪華夏風景資源的旅遊巨篇，還是文字優美的文學佳作，在中國內外具有深遠的影響。

39 著書立說，熱衷公益
—— 李漁・清

▍生平簡介

姓　　名　李漁。

別　　名　謫凡、笠翁。

出 生 地　浙江金華蘭溪市夏李村。

生 卒 年　公元一六一一至一六八〇年。

身　　份　戲劇家、文學家。

主要成就　戲劇批判和喜劇創作大師。

▍名家推介

　　李漁（公元 1611-1680），初名仙侶，後改名漁，字謫凡，號笠翁，漢族，浙江金華人。明末清初文學家、戲曲家。

　　他是明朝秀才，入清後無意仕途，從事著述和指導戲劇演出。後居於南京，把居所命名為「芥子園」，並開設書鋪，編刻圖籍，廣交達官貴人、文壇名流。著有《凰求鳳》、《玉搔頭》等戲劇，《覺世名言十二樓》、《無聲戲》、《連城璧》等小說，著述為《閒情偶寄》等書。

▋名家故事 ────────

　　崇禎八年，李漁去金華參加童子試，一舉成為名噪一時的五經童子。首戰告捷，使李漁嘗到了讀書成名的甜頭，他信心更足，讀書也更加刻苦。崇禎十二年，二十九歲的李漁穩操勝券赴省城杭州參加鄉試，他萬萬沒有料到竟名落孫山。崇禎十五年，明王朝舉行最後一次鄉試，李漁再赴杭州應試，由於局勢動盪，李漁途中返回蘭溪。不久，社會局勢發生了根本變化，清朝的鐵騎橫掃江南，明王朝已成風雨飄搖之勢，國難當頭，自己求取功名之路化為泡影，此時的李漁心灰意懶，惆悵不已。李漁歸隱故鄉後，非常關心村上的公益事業，以他為首在村口的大道旁修建了一座涼亭，取名為「且停亭」，並題聯：「名乎利乎道路奔波休碌碌，來者往者溪山清靜且停停。」此亭此聯一直為後人傳頌，被列為中國十大過路涼亭之一。他還倡修水利，改善了農田水利，他當年生活地方的村民至今受益。

　　他以旺盛的創作力，數年間連續寫出了通俗易懂，貼近市民生活，寓教於樂，適合觀眾、讀者的欣賞的數部小說，作品一問世，便暢銷於市場，被爭購一空。尤其是他的短篇小說集，更是受到讀者的歡迎，成為搶手貨。李漁稱自己的作品是「新耳目之書」，故事新鮮，情節奇特，佈局巧妙，語言生動。他的小說重在勸善懲惡，同情貧窮的下層人物，歌頌男女青年戀愛婚姻自主，譴責父母之命、媒妁之言，批判假道學為主題，具有一定反封建的進步意義。後人在評論他的小說成就時，稱他的《無聲戲》、《十二樓》兩個短篇小說集是繼馮夢龍、凌濛初的「三言」、「二拍」之後不可多得的優秀作品，是清代白話短篇小說中的上乘之作。

　　大約一六六二年前後，李漁告別了風景如畫的西子湖，來到文人

薈萃、虎踞龍盤的六朝古都金陵，開始了他文化事業上的全新時期。李漁先在金陵閒暫居了一段日子，後來自己買了一處房子，此時，李漁一家連同奴僕少說也有幾十口人，為了維持一家人的衣食需求，他不得不與官吏打交道，以尋求他們的保護與饋贈。

李漁在金陵期間，結交了很多文友，他們中有雅慕李漁之才的，有自己喜愛舞文弄墨而與李漁相往來的，李漁居住金陵二十年，他以文會友，以戲會友，與整個社會有著廣泛而頻繁的接觸，交遊面極廣。他曾經是《紅樓夢》的作者曹雪芹的祖父曹寅成為忘年交；與《聊齋誌異》作者蒲松齡一見如故，相見恨晚，互贈詩詞。在與他交往的有文字記載的八百餘人中，上至位高權重的宰相、尚書、大學士，下至三教九流、手工藝人，遍及十七個省，二百多個州縣，可以說，他是中國古代文化人中交友最多、結交面最廣的文人。眾多的朋友，使李漁能自由往來於朝野文人之間，也使他增加了不少知識，懂得了許多人情世故，更為他的創作提供了豐富生動的文學素材。

為豐富知識，陶冶性情，向大自然汲取營養，李漁與古代許多文人一樣，不僅讀萬卷書，而且行萬里路。金陵期間他一方面為了生計，不得不四處奔走，交結官吏友人，以取得他們的饋贈和資助；另一方面，他每到一地，都要遊覽山水勝地，在長期的漫遊中，他對大自然作了深入的觀察研究，對各地風土人情作了詳細的調查，不僅進一步孕育了自己對各方面藝術的情趣，而且獲得了大量的第一手創作素材，經過他精鍊細微的藝術加工，從而創作了大量的詩、詞、曲、賦，既有寫實抒情的，也有聯想議論的，語言精鍊，韻律優美，深得世人稱頌。他還將這些從遊歷四方獲得的素材移植到小說、戲曲創作藝術中去，為後人留下了一批豐富而彌足珍貴的文化遺產。

作為出版商，李漁那靈活的經營策略與經營理念，使他能牢牢把

握住商機，左右開弓，把芥子園書鋪經營得紅紅火火。他根據讀者的心理和需要，除了出版自己創作的作品，還編輯出版了大量的通俗文學作品，如被他稱之為「四大奇書」的《三國演義》、《水滸全傳》、《西遊記》、《紅樓夢》等，編輯出版了《古今史略》、《尺牘初征》、《資治新書》、《千古奇聞》等一大批讀者想看而買不到的書，由於芥子園印行的出版物工精價廉，重信譽，加之廣告意識強，市場銷路好，受到人們的歡迎。

後來李漁遷回杭州，芥子園屢換主人，但一直保持李漁優良的經營作風，成為清代著名的百年老店之一。書以人傳，店以人名，隨著歲月流逝，芥子園雖數易其主，但芥子園書鋪仍然在不斷運營，芥子園書鋪不僅是清代為數極少的具有二百多年歷史的老店，也是中國出版史上為數不多的歷史悠久的「百年書鋪」。

▍專家品析 ─────

李漁的戲曲論著《閒情偶寄》以結構、詞采、音律、賓白、科諢、格局六方面論述戲曲文學，以選劇、變調、授曲、教自、脫套五方面論說戲曲表演，對我國古代戲曲理論有較大的豐富和發展。《閒情偶寄》除戲曲理論外，還有飲食、營造、園藝等方面的內容，可見此書足能反映他的文藝修養和生活情趣。

李漁是中國戲劇史上第一個專門從事喜劇創作的作家，被後人推為「世界喜劇大師」。

▌代表作品 ─────

　　《閒情偶寄》是李漁對自己的生活所聞所見的事物的總結性的
書，包含有對戲曲的看法、批評。它從舞臺的實際出發，注重戲曲的
結構、中心事件的選擇安排等，是中國戲曲批評史上重要的著作之
一。其中，還涉及生活中的飲食作臥等方面的審美感受等。

40 奇聞鬼怪，聊齋誌異

—— 蒲松齡·清

▌生平簡介

姓　　名　蒲松齡。

別　　名　柳泉居士、聊齋先生。

出 生 地　淄博市淄川區洪山鎮蒲家莊。

生 卒 年　公元一六四〇至一七一五年。

身　　份　文學家。

主要成就　收集整理了民間故事，志怪小說第一人。

▌名家推介

　　蒲松齡（公元 1640-1715），字留仙，一字劍臣，號柳泉居士，世稱聊齋先生，自稱異史氏，現山東省淄博市淄川區洪山鎮蒲家莊人，漢族。

　　他出生在敗落的中小地主兼商人家庭。十九歲應童子試，接連考取縣、府、道三個第一，名震一時。補博士弟子員，以後屢試不第，直至七十一歲時才成歲貢生。為生活所迫，主要是在本縣西鋪村畢際友家做塾師近四十二年，直至六十一歲時才回家。一七一五年正月病逝，享年七十六歲。創作出著名的文言文短篇小說集《聊齋誌異》。

▌名家故事 ─────

蒲松齡年輕的時候，生活不是很苦，因為他的父親棄儒經商，家裏是小康之家。在父親的保護下，年輕的蒲松齡可以安心讀書，跟朋友們搞詩社。但是好日子沒過多久，因為他分家了，分家是因為家庭矛盾。蒲松齡的兩個哥哥都是秀才，他這兩個嫂子真是典型的母夜叉，為了一點兒雞毛蒜皮的小事，經常把家裏鬧得雞犬不寧，蒲松齡的父親只好給兒子分家。分家又分得很不公平，因為這兩個嫂嫂又能打又能叫又能搶，而蒲松齡的妻子劉氏非常賢慧，沉默寡言躲在一邊，分家的結果是蒲松齡分到農場老屋三間，破得連門都沒有，蒲松齡只好借了門板安上。他分到了二十畝薄田，二百四十斤糧食，只夠吃三個月。這樣一來，蒲松齡就要自謀生路了，他於是開始了長達四十五年之久的私塾教師生涯。

在教書期間，蒲松齡還不斷參加科舉考試，屢試不中而屢敗屢戰。清苦的坐館生涯，是蒲松齡為了養家糊口而做出的無奈選擇，正是這大半生的寂寞生涯成全了他，也成全了《聊齋誌異》的問世，使他得以在貧困的境況中擺脫柴米油鹽等家庭瑣事的干擾，擁有一個個安靜的夜晚集中精力進行構思與創作。

經過幾十年教書生涯和無數次科場失意後，康熙四十八年，古稀之年的蒲松齡終於從畢家回到家裏。第二年，七十一歲的他按當時慣例成為貢生。貢生的身份對於年老的蒲松齡來說，已失去了仕途經濟的意義，只有按例應發的貢銀能帶來些許安慰，減輕點生活負擔，但縣令卻一再拖延，這令蒲松齡很惱火卻也無可奈何。康熙五十四年正月，飽經風霜的老人溘然長逝。

《聊齋誌異》是蒲松齡的代表作品，也是中國小說史上文言短篇

小說的頂峰之作，正是因為《聊齋誌異》的成功，才使得蒲松齡在中國文學史上享有崇高的地位。在《聊齋誌異》中，蒲松齡以出神入化之筆，創造了一個神奇的聊齋世界。在這個世界裏，花妖鬼狐、草木蟲魚都具備了可愛的靈性，它們不僅具有超凡的本領，而且能夠自由地出入塵世；它們不僅追求飄逸灑脫的精神生活，而且追求俗世愛情、幸福的熱情一點也不遜於凡人。然而，《聊齋誌異》的成功，並不僅僅在於它的搜奇志異和談鬼說狐，而是因為它描寫了生活，揭露了現實，是因為它借鬼狐寄託了作者的孤憤，是因為它極具個性、與眾不同的人物形象塑造，是因為它古雅簡練、清新活潑的語言藝術，更是因為它在思想和藝術上所取得的成就。

《聊齋誌異》深刻的社會價值以及對現實生活的重要影響，主要體現在三個方面：

一是對理想愛情的嚮往。愛情是文學永恆的主題，或許因為人世間的愛情易受紅塵牽絆，蒲松齡才賦予鬼狐花妖以特殊的本領洞穿塵世間的諸多無奈，為理想的愛情不懈求索。

二是對科舉制度的批判。科舉制度的黑暗與不合理是蒲松齡終生不得志的根源之一，因而也是作者深惡痛絕的社會現象，所以蒲松齡才會用最激憤的語言、最怪異的事實，對科舉制度給予了徹底的揭露。

三是對社會黑暗的揭露。蒲松齡長期生活於農村，雖然終生未能入仕，卻做過短暫的幕僚，因此他對民生的疾苦、吏治的腐敗、官場的黑暗都有深刻的感受。

除以上三大主題外，《聊齋誌異》還記載了許多他耳聞目睹的奇聞異事，如地震、海嘯、海市蜃樓、夏日飛雪等自然現象。還有一些反映社會倫理、家庭生活的作品，部分作品中雖不乏道德說教，但基

本上都體現出對真善美的褒揚和對假惡醜的揭露批判，反映了作者進步的人性觀。

《聊齋誌異》雖為文言短篇小說集，但通俗易懂，沒有古文生澀難懂的弊病，同時還收到了言簡意豐的效果。其奧妙就在於《聊齋誌異》吸收了大量的口語因素，增強了文言的表現力，因而才使它的語言既古雅簡練，又清新活潑。無論是對環境的描寫、還是對細節的敘述，無論是人物的塑造、抑或是場景的渲染，都繪聲繪色，具有很高的藝術功力。

▌專家品析

中國古代最好的小說是哪一部？毫無疑問，白話長篇小說《紅樓夢》。如果再問：哪部小說在藝術形式上和《紅樓夢》不同，成就可以媲美？回答是：文言短篇小說集《聊齋誌異》。聊齋紅樓，一短一長，一文一白，形成中國古代小說的雙峰。《聊齋誌異》不僅是中國文學的驕傲，它還是世界文學中非常有影響的作品，經常讓漢學家感到驚奇，它被後世稱為世界短篇小說之王。

《聊齋誌異》是一部浪漫主義作品。它的浪漫主義精神，主要表現在對正面理想人物的塑造上，特別是表現在由花妖狐魅變來的女性形象上。另外，也表現在對浪漫主義手法的運用上。蒲松齡善於運用夢境和上天入地、虛無變幻的大量虛構情節，衝破現實的束縛，表現自己的理想，解決現實中無法解決的矛盾。

▌代表作品 ─────

　　蒲松齡以畢生精力完成《聊齋誌異》八卷，四十餘萬字。內容豐富多彩，故事多來自民間傳說和野史軼聞，將花妖狐魅和幽冥世界的事物人格化、社會化，充分表達了作者的愛憎感情和美好理想。作品繼承和發展了我國文學中志怪傳奇文學的優秀傳統和表現手法，情節幻異曲折，跌宕多變，文筆簡練，敘次井然，被譽為我國古代文言短篇小說中成就最高的作品集。

41 儒林外史，鞭撻科舉

—— 吳敬梓·清

生平簡介

姓　　名	吳敬梓。
別　　名	敏軒、粒民。
出 生 地	安徽全椒。
生 卒 年	公元一七〇一至一七五四年。
身　　份	文學家。
主要成就	創造了富有民族特色又極具個性的諷刺小說藝術。

名家推介

　　吳敬梓（公元 1701-1754），字敏軒，一字文木，號粒民，晚年自稱「文木老人」，清代小說家，漢族，安徽全椒人。

　　吳敬梓一生創作了大量的詩歌、散文和史學研究著作，著有《文木山房詩文集》十二卷，今存四卷。確立他在中國文學史上的傑出地位的是他創作的長篇諷刺小說《儒林外史》。《儒林外史》這部小說大約用了他近二十年的時間，直到他四十九歲時才完成。

▌名家故事 ────────

　　吳敬梓二十三歲時，繼父去世，於是引來了一場家庭的財產糾紛，這件事不僅刺激了吳敬梓，使他看清了封建社會家族倫理道德的醜惡本質，認識了那些衣冠楚楚的豪紳人物的虛偽面目，使他和那些倚仗祖業和門第做寄生蟲的庸俗人物分道揚鑣。作為縉紳階級的叛逆，於是他開始揮霍遺產，三十歲以前，就將田產房產都消耗光了。

　　在家鄉輿論的壓力下，吳敬梓再也不願在全椒生活下去，在三十三歲時移家南京，開始了他的賣文生涯。三十六歲那年，被推薦參加了預試，心灰意冷的他託病推辭，甘願過貧困的生活，一直到最後客死在揚州。《儒林外史》的寫作年代難以確定，但至少下半部是在吳敬梓定居南京以後陸續寫成的。此外，吳敬梓一生還寫了不少詩、詞、文、賦，部分結集在今存的《文木山房集》中。他晚年著有《詩說》七卷，但未保留下來，那些作品的價值和影響都遠遠不能和《儒林外史》相比。

　　《儒林外史》表面上寫明代生活，實際上展示了一幅十八世紀中國社會的風俗畫。它以封建士大夫的生活和精神狀態為中心，從揭露科舉制度以及在這個制度奴役下的士人醜惡的靈魂入手，進而諷刺了封建官吏的昏聵無能，地主豪紳的貪吝刻薄，附庸風雅的名士的虛偽卑劣，以及整個封建禮教制度的腐朽和不堪救藥，以及城鄉下層人民在這種社會秩序下靈魂被歪曲的樣子。吳敬梓揭發了這些醜惡的人物和他們的關係，並通過具有說服力的藝術形象揭露了造成這些人物的社會制度，因而他的諷刺就給了封建社會以有力一擊，小說也宣洩了他對善良人物的誠摯深厚的愛心，表明了藝術家愛恨分明的態度。

　　抨擊腐蝕士人靈魂的八股取士制度，是《儒林外史》社會批判的

主要方面，小說一開始就給讀者展現了兩個被科舉制度塑捏得既可憐又可笑的人物——周進和范進。周進應考到六十歲，鬍子已經花白了，還是一個老童生，只得到薛家集去教村塾，受盡了新進秀才梅玖的奚落和舉人王惠的卑視，最後連個教書的飯碗也保不住了。當他由於偶然的機會，去參觀省城的貢院時，半生蘊蓄的辛酸逼使他不由得「一頭撞在號板上，直僵僵不省人事」，蘇醒後滿地打滾，放聲大哭，周進的故事側重於寫這個人物發科前後的命運。范進的故事除了描敘他本人的前後遭遇外，更著力於描寫他命運的轉變中圍繞在他周圍的人物的表現，吳敬梓在更大的範圍裏揭示了科舉制度對社會各色人等的毒害。二十歲起應考不舉的范進，垂老才因周進的賞識，考取秀才並中了舉，他的妻子、母親、丈人胡屠戶、鄉紳張靜齋，以及鄰里鄉黨，立刻由憎厭變為諂諛。世態炎涼在這裏被吳敬梓刻畫得淋漓盡致，並且揭露了那些把八股文視為學問的精華、把科舉制度當作道德規範的代表人物的本相。而這些道德家的操守，也只是打秋風、通關節、魚肉人民、武斷鄉曲，而且愈貪酷，也就飛黃騰達得愈快。吳敬梓把那些科舉出身的上層人物刻畫得入木三分，通過對科舉制度的抨擊，揭出了這個烏煙瘴氣的社會的痼疾所在。

吳敬梓不是一位憤世嫉俗的冷酷的作家。他在鞭撻這些社會寄生蟲、揭露這個社會之所以有如此卑下的精神狀態底蘊的同時，對社會下層的善良人物寄以深摯的同情和愛心。在《儒林外史》中，和尖刻的諷刺相輔相成，作者用酣暢飽滿的抒情詩的筆調，歌頌了許多正直仁善的人物，傾注了對他們深摯的愛，這種對善良人物的熱烈的愛慕，透露了他對生活的真摯的愛的本性。

《儒林外史》並沒有一個或幾個貫穿全書的主角，也沒有起始完整的情節。由於吳敬梓塑造人物性格的卓越能力，他通過人物之間的

輻射，前後人物和事件的呼應，呈現了紛沓的生活的本源狀態，揭示了社會關係的本質，從而使《儒林外史》成為一部現實主義的傑作。

▌專家品析

吳敬梓一生經歷了清朝康熙帝、雍正帝、乾隆帝三代。清朝統治者在鎮壓武裝起義的同時，採用大興文字獄，考八股、開科舉以牢籠士人，提倡理學以統治思想等方法來對付知識分子。其中，以科舉制度危害最深、影響最廣，使許多知識分子墮入追求利祿的圈套，成為愚昧無知、卑鄙無恥的市儈。吳敬梓看透了這種黑暗的政治和腐朽的社會風氣，所以他反對八股文，反對科舉制度，他把這些觀點反映在他的《儒林外史》裏。他以諷刺的手法，對這些醜惡的事物進行了深刻的揭露和有力的批判，顯示出他的民主主義的思想色彩。

《儒林外史》是中國敘事文學中諷刺藝術的高峰，它開創了一個以小說直接評價現實生活的範例，它的影響在中國封建社會處於崩潰期的十九世紀後半葉尤其顯著。晚清的長篇小說，凡稍能吸引讀者注意的，沒有一種不受它的影響。《儒林外史》和比它稍晚的《紅樓夢》，標誌著中國長篇小說從內容到形式的成熟。《儒林外史》擺脫了傳統小說才子佳人的香豔俗套，全書沒有一個愛情故事，只依靠對生活和人物性格的真實的藝術塑造，取得巨大的生命力。

▌代表作品

《儒林外史》是中國文學史上一部傑出的現實主義的章回體長篇

諷刺小說。有一個中心貫穿其間，那就是反對科舉制度和封建禮教的毒害，諷刺因熱衷功名富貴而造成的極端虛偽、惡劣的社會風習。這樣的思想內容，在當時無疑是有其重大的現實意義和教育意義的。加上它那準確、生動、洗練的白話語言，栩栩如生的人物形象塑造，優美細膩的景物描寫，出色的諷刺手法，藝術上也獲得了巨大的成功。

42 一腔悲憤，賦予紅樓

—— 曹雪芹・清

▋生平簡介

姓　　　名	曹雪芹。
字	夢阮；號：雪芹，名沾。
出 生 地	清代江寧府（今南京）。
生 卒 年	約公元一七一五至約一七六三年。
身　　　份	小說家。
主要成就	創作出從古到今第一小說《紅樓夢》。

▋名家推介

　　曹雪芹（約公元 1715-約 1763），內務府正白旗出身，名沾，字夢阮，號雪芹，又號芹溪、芹圃。清代小說家、著名滿族文學家。

　　他出身於一個「百年望族」的大官僚地主家庭，後因家庭的衰敗而飽嘗了人生的辛酸。在人生的最後階段，他以堅韌不拔的毅力，歷經十年創作了《紅樓夢》並專心致志地做了修訂工作，死後遺留《紅樓夢》前八十回稿子。另有《廢藝齋集稿》傳於後世。

▌名家故事 ────────

　　曹雪芹的曾祖曹璽曾任江寧織造，曾祖母孫氏做過康熙帝玄燁的保姆，祖父曹寅做過玄燁的伴讀和御前侍衛，後任江寧織造，兼任兩淮巡鹽監察御使，極受玄燁寵信。玄燁六下江南，其中四次由曹寅負責接駕，並住在曹家。曹寅病故，其子曹顒、曹俯先後繼任江寧織造。他們祖孫三代四人擔任此職達五十八年之久。曹雪芹自幼就是在這秦淮風月之地的繁華生活中長大的。雍正初年，由於封建統治階級內部政治鬥爭的牽連，曹家遭受一系列打擊。曹俯以「行為不端」、「騷擾驛站」和「虧空」罪名革職，家產抄沒。曹俯下獄治罪一年有餘。這時，曹雪芹隨著全家遷回北京居住，曹家從此一蹶不振，日漸衰微，經歷了生活中的重大轉折，曹雪芹深感世態炎涼，對封建社會有了更清醒、更深刻的認識。他蔑視權貴，遠離官場，過著貧困如洗的艱難日子。晚年，曹雪芹移居北京西郊，生活更加窮苦，他以堅韌不拔的毅力，專心致志地從事《紅樓夢》的寫作和修訂工作。

　　乾隆二十八年，曹雪芹幼子夭亡，他陷於過度的憂傷和悲痛，臥床不起。這一年的除夕，曹雪芹終於因貧病無醫而逝世，享年四十歲。曹雪芹性格傲岸，憤世嫉俗，豪放不羈，嗜酒，才氣縱橫，善於談吐。曹雪芹是一位詩人。他的詩立意新奇；曹雪芹又是一位畫家，喜繪突兀奇峭的石頭，他畫石頭時寄託了胸中鬱積著的不平之氣，曹雪芹的最大的貢獻還在於小說的創作。

　　他的小說《紅樓夢》內容豐富，思想深刻，藝術精湛，是一部有高度思想性和高度藝術性的偉大作品，代表古典小說藝術的最高成就，也是中國古代四大名著之一。它以榮國府的日常生活為中心，以寶玉、黛玉、寶釵的愛情婚姻悲劇及大觀園中點滴瑣事為主線，以金

陵貴族名門賈、史、王、薛四大家族由鼎盛走向衰亡的歷史為暗線，展現了窮途末路的封建社會終將走向滅亡的必然趨勢。並以其曲折隱晦的表現手法、淒涼深切的情感格調、強烈高遠的思想底蘊，在我國古代民俗、封建制度、社會圖景、建築金石等各領域皆有不可替代的研究價值，達到我國古典小說的高峰，被譽為「我國封建社會的百科全書」。

賈寶玉是小說的中心人物。作為榮國府嫡派子孫，他聰明靈秀，是賈氏家族寄予厚望的繼承人。但他的思想性格卻促使他背叛了家庭，他性格的核心是平等待人，尊重個性，主張各人按照自己的意志自由生活。在他心裏，人只有真假、善惡、美醜的劃分。他憎惡和蔑視世俗男性，親近和尊重處於被壓迫地位的女性。為此，他憎惡自己出身的家庭，愛慕和親近那些與他品性、情趣相投而出身地位寒微的人物。賈寶玉對個性自由的追求，集中表現在愛情婚姻方面，封建的婚姻要聽從父母之命，取決於家族的利益，可是賈寶玉一心追求真摯的思想情誼，毫不顧及家族的利益。他和林黛玉相愛，是以含有深刻社會內容和深厚的思想感情為基礎的，這種愛情與封建主義的矛盾，又推動他步步克服自身的劣點和弱點，日益發展他進步的、叛逆的思想性格。但他的思想並未達到否定君權、族權即封建主義統治權的高度。他無法與封建主義統治徹底決裂，又不可能放棄自己的民主主義思想要求，因而他的出路在現實中是不存在的，最後只能到虛無縹緲的超現實世界中去。

曹雪芹在寫這部書時，用了「諧音寓意」的手法，他把賈家四姐妹命名為元春、迎春、探春、惜春，這是諧「原應歎息」的音；在賈寶玉神遊太虛幻境時，警幻仙姑讓他飲的茶「千紅一窟」，是「千紅一哭」的諧音，又讓他飲「萬豔同杯」的酒，這酒名是「萬豔同悲」

的諧音，這樣的手法幾乎貫穿了全書，讀者應該慢慢去品味。

▌專家品析 ────────

　　小說《紅樓夢》寫賈寶玉、林黛玉、薛寶釵之間的愛情婚姻悲劇，從中表現了賈、王、史、薛四大家族的興衰，揭示了封建社會末期漸趨崩潰的社會真實內幕，反映了那個時代對個性解放和人權平等的要求以及初步的民主主義精神。《紅樓夢》運用現實主義創作手法，自然、逼真地敘述和描寫了豐富的現實社會生活，塑造了一大批典型人物。

　　曹雪芹善於在日常生活矛盾中根據人物身份地位刻畫人物，又善於以藝術氛圍烘託人物內心情緒。他筆下的人物無一不是栩栩如生。在事件和人物的刻畫上，他採用對比的方法，將美與醜、虛與實、統治與被統治的描寫相互補充，創造出一個含蓄深沉、博大精深的藝術世界。語言簡潔純淨，準確傳神而多彩，達到爐火純青的境界。書中詩詞歌賦的運用，對人物塑造、情節展開起了很好的作用。《紅樓夢》的光輝成就達到中國古典小說的頂峰，對後世家庭社會小說有極大影響。

▌代表作品 ────────

　　曹雪芹最大的貢獻是創作了文學巨著《紅樓夢》，該書原名《石頭記》，基本定稿八十回，曾以手抄本流傳。一七九一年，程偉元、高鶚第一次以活字版印刷出版，全書一百二十回，書名改為《紅樓夢》。

43 養民為本，教養天下
—— 劉鶚·清

生平簡介

姓　　名　劉鶚。
別　　名　鴻都百鍊生。
出 生 地　江蘇丹徒（今鎮江市）。
生 卒 年　公元一八五七至一九○九年。
身　　份　小說家、藝術家。
主要成就　全方位通才，其中以諷刺小說《老殘遊記》備受世人讚譽。

名家推介

　　劉鶚（公元 1857-1909），號老殘。著作署名「鴻都百鍊生」。漢族，江蘇丹徒（今鎮江市）人，寄籍山陽（今淮安楚州），清末小說家。

　　他被海內外學者譽為「小說家、詩人、哲學家、音樂家、醫生、企業家、數學家、藏書家、古董收藏家、水利專家、慈善家」，是中國近代史上的「通才」。他所著《老殘遊記》備受世人讚譽，是十大古典白話長篇小說之一，又是中國四大諷刺小說之一。

▎名家故事 ————

劉鶚出身官僚家庭，但不喜科場文字。他承襲家學，致力於數學、醫學、水利、音樂、算學等實際學問，並縱覽百家，喜歡收集書畫碑帖、金石甲骨。

劉鶚早年科場不利，曾行醫和經商。光緒十四年至二十一年，先後入河南巡撫吳大澂、山東巡撫張曜幕府，幫辦治理黃河工程，成績顯著，被保薦到總理各國事務衙門，以知府任用。光緒二十三年，應外商福公司之聘，出任山西礦產經理。後又曾參與擬訂河南礦務機關豫豐公司章程，並為福公司擘劃開採四川麻哈金礦、浙江衢嚴溫處四府煤鐵礦，成為外商的買辦和經紀人，為此有人說他是賣國賊。

即便如此「謗滿天下」，劉鶚在當時還是有著很大的影響力。在政治上，他依靠父親劉成忠和王文韶、李鴻藻的交往關係，和李鴻章、張曜的同僚關係，以及自己和李鴻章之子李經方、李經邁、王文韶之子王稚夔、王鈞叔等人的良好關係，走通蕭王善耆、慶王奕劻的門路，和一時號稱清流的官吏如端方、徐琪、趙子衡、宗室的溥佟，以及梁啟超等維新派人士有千絲萬縷的聯繫。他的社會活動極其活躍，除了太谷學派同學之外，他和宋伯魯、汪康年、方藥雨、沉藎、狄楚青、大刀王五等人也是至交，先後參加了東文學社、農學會、保國會、救濟會等社會團體。對外方面，由於福公司的關係，他和英國、意大利商人關係密切，同時，和日本駐華公使也有交往。他自己在北方掌握了天津《日日新聞》一張報紙，在南方則和上海的多家報紙均有緊密聯繫，足以左右一些輿論。有著這樣複雜的國內外的背景，劉鶚雖僅有候補知府官銜，卻無形中具有一定的社會勢力，因而遭人所忌，後來被誣陷而流放。

　　劉鶚的父親劉成忠善於河工算學，熱衷於西方新興的科學技術。劉鶚秉承家學，結合他一八八八年在河南、山東等地治理黃河的實踐經驗，寫有《治河五說》、《三省黃河全圖》、《歷代黃河變遷圖考》、《河工稟稿》等著作。其中，《治河五說》、《三省黃河全圖》和《歷代黃河變遷圖考》，再加上算學著作《弧角三術》、《勾股天元草》，在劉鶚生前就被刊印成書，這五部著作，使劉鶚的治河業績被統治者初步認可，並因學術淵源，通曉洋務得到重用。

　　光緒二十六年義和團起義，隨之八國聯軍侵入北京，劉鶚從俄軍處賤價購買太倉糧轉賣給居民，賑濟北京饑困，被彈劾私售倉粟。一九〇八年，劉鶚在南京對岸的浦口購地準備開商埠，被控告是漢奸罪名，兩事加在一起，他被發配新疆迪化（今烏魯木齊），次年因腦溢血病死，死後歸葬於江蘇淮安。

　　概括劉鶚的一生有四件大事：一是河工，二是甲骨文字的辨認，三是開辦山西的礦，四是賤買太倉米來賑濟北京難民。劉鶚的另一件大事，即他還寫過令他名垂青史的《老殘遊記》，奠定了他在文學史上的地位。

▍專家品析

　　劉鶚一生推行黃老思想「以教天下為己任」，而自承「以養天下為己任」。太谷學派之精神對劉鶚一生思想、行事及小說創作都有深刻的影響。

　　劉鶚生活在封建王朝統治即將徹底滅亡的前夕，一方面反對革命，同時也對清末殘敗的政治局勢感到不安和悲憤。他要求澄清吏

治，反對苛政擾民，以緩和階級矛盾。在西方文明潮水般湧入的情況下，他開出的藥方是借用外國資本興辦實業，築路開礦，使民眾擺脫貧困，國家逐步走向富強。

▌代表作品

《老殘遊記》是晚清四大譴責小說之一，是劉鶚的代表作，流傳甚廣。小說以一位走方郎中老殘的遊歷為主線，對社會矛盾開掘很深，尤其是他在書中敢於直斥清官誤國，清官害民，指出有時清官的昏庸並不比貪官好多少。這一點對清廷官場的批判是切中時弊、獨具慧眼。

《老殘遊記》全書共二十回，光緒二十九年發表於《繡像小說》半月刊上，到十三回因故中止，後重載於天津《日日新聞》，原署名鴻都百鍊生。

《老殘遊記》中老殘是作品中體現劉鶚思想的正面人物。他「搖個串鈴」浪跡江湖，以行醫糊口，自甘淡泊，不入宦途。但是他關心國家和民族的命運，同情人民群眾所遭受的痛苦，是非分明，而且俠膽義腸，盡其所能，解救一些人民疾苦。隨著老殘的足跡所至，可以清晰地看到清末山東一帶社會生活的面貌。在這塊風光如畫、景色迷人的土地上，正發生著一系列驚心動魄的事件，封建官吏大逞淫威，肆意虐害百姓，造起一座人間活地獄。

《老殘遊記》的藝術成就在晚清小說裏是比較突出，特別在語言運用方面更有其獨特成就。在寫景方面能做到自然逼真，有鮮明的色彩。書中千佛山的景致，桃花山的月夜，都明淨、清新。在寫王小玉

唱大鼓時，作者更運用烘託手法和一連串生動而貼切的比喻，繪聲繪
色的描摹出來，給人以身臨其境的感覺。所以魯迅稱讚它「敘景狀
物，時有可觀」。

44 譴責小說，晚清高人

—— 李寶嘉·清

生平簡介

姓 名	李寶嘉。
別 名	寶凱。
出 生 地	江蘇常州。
生 卒 年	公元一八六七至一九〇六年。
身 份	小說家。
主要成就	多產作家，其中以譴責小說《官場現形記》備受世人讚譽。

名家推介

李寶嘉（公元 1867-1906），又名寶凱，字伯元，別號南亭亭長，筆名遊戲主人、謳歌變俗人等。漢族，江蘇常州人，晚清小說家。

他是個多產的作家，他構思之敏，寫作之快，是極為少見的。他先後寫成《庚子國變彈詞》、《官場現形記》、《文明小史》、《中國現在記》、《活地獄》、《海天鴻雪記》，以及《李蓮英》、《海上繁華夢》、《南亭筆記》、《南亭四話》、《滑稽叢話》、《塵海妙品》、《奇書快睹》、《醒世緣彈詞》等書十多種。其中《官場現形記》更是晚清譴

責小說的代表作。

▌名家故事 ────────

　　李寶嘉的作品有《官場現形記》、《文明小史》、《中國現在記》、《活地獄》、《海天鴻雪記》以及《庚子國變彈詞》等。

　　《官場現形記》最初於《世界繁華報》上連載，從光緒二十九年到光緒三十一年，共六十回。在此過程中，世界繁華報館分五編，每編十二回陸續刊印單行本。《官場現形記》是李寶嘉的代表作，為晚清四大譴責小說之一。作品以官場為對象，著重揭露各種官僚的齷齪卑鄙、昏聵糊塗，集中暴露晚清官場的污濁，吏治的敗壞，統治集團的腐朽。

　　《官場現形記》作品涉及的官僚十分廣泛，外官從未入流的佐雜，到州府長吏、直至督撫方面大員；內官從小京官、到部司郎曹，直至位居中樞的軍機、大學士。這些大大小小的官僚胥吏，為了陞官發財，無不蠅營苟且，迎合、鑽營、蒙混、羅掘、傾軋，極盡卑污苟賤手段。作品還揭露了統治階級對帝國主義奴顏婢膝的醜態和喪權辱國的劣跡。外國人打死中國小孩子，當地官員迫於群眾壓力，將兇手判處監禁五年。而清政府的總理衙門，卻按照同外國人打交道只有順著他辦的邏輯，竟依照外國公使的要求，將巡撫撤換，並由他們指定繼任巡撫，這些描寫充分地揭示出朝廷大小官吏懼怕外國人的無恥嘴臉。

　　《文明小史》是李寶嘉另一部重要創作，共六十回，署名「南亭亭長」著。原載光緒二十九年五月至光緒三十一年七月的《繡像小說》

上，每回用「自在山民」評語。光緒三十二年商務印書館出版單行本，分上下冊。作品主要描寫庚子年以後幾年間，中國輸入新文明時的社會各方面動態。它是《官場現形記》的姐妹篇，也以官場為主，但著重從維新與立憲的角度和官場對新政、新學的態度方面落筆，突出地反映了清政府實行「維新」、預備「立憲」時期官場與社會的真實情況，新舊思想的衝突，作品涉及的地域很廣泛，包括全國主要省份，而且從通商城市到窮鄉僻壤。反映的方面也很多，從內政到外交，從統治集團到人民群眾，從假維新派到守舊黨。官僚的懼外、媚外，洋人的挾勢欺壓，假維新派的投機以謀私利，官場對維新的敷衍搪塞，人民群眾的自發鬥爭，無不收入其中。但把發動變法維新運動的康有為、梁啟超，即小說中的安紹山、顏軼回也寫成投機分子加以譴化，則與作者認為變法維新運動也屬過激的立場有關。《文明小史》的結構方式與《官場現形記》略同，事隨人物的轉換起始。

《中國現在記》十二回，未完。最初連載於光緒三十年（1904）的《時報》，未署名，吳沃堯《李伯元傳》中列有此書。作品用與《官場現形記》一樣的寫作手法，著重暴露了捐班出身的官吏種種貪污穢跡以及相互爭奪傾軋的醜行。其中關於河政方面，揭露河工弊端，有許多局外人不知道的材料。

《活地獄》，共四十三回，未完，署「南亭亭長」著。連載於光緒二十九年至光緒三十二年的《繡像小說》半月刊，每回有「頤雨樓」評語。李寶嘉寫至第三十九回因病重停筆。第四十回至四十二回為吳趼人所續，第四十三回為歐陽巨源所續。通篇用十五個故事連綴而成，筆鋒集中於司法制度，著重揭露州縣衙門的暗無天日，書吏胥役的卑鄙無恥，監獄牢房以及種種酷刑的慘無人道，確是使人目不忍睹的活地獄，寫出了廣大群眾橫遭迫害的苦難。

▌專家品析

　　在晚清譴責小說創作方面，李寶嘉是一位多產而卓有成就的作家，他雖然寄希望於封建統治者的「覺悟」和改良，但痛切地看到社會政治的腐敗，廣泛運用諷刺手法，從各個不同的角度反映了清末封建社會的黑暗現實，特別是對清末官場的種種罪惡行徑進行了有力的揭露與鞭，在晚清小說史上佔有重要地位。魯迅說清末的譴責小說以「南亭亭長與我佛山人名最著（《中國小說史略》）」。

▌代表作品

　　李寶嘉的《官場現形記》突出地反映了近代中國半封建、半殖民地社會的黑暗現實，多少觸及了近代社會的主要矛盾、人民大眾和封建主義的矛盾、中華民族和帝國主義的矛盾，書中所寫不少有現實影子。《官場現形記》的問世，促進了人們對清王朝腐朽不堪的認識。由這部小說起，逐漸形成了晚清譴責小說的高潮，而描寫如商界、學界、女界等「現形」之書也接踵而起。

45 橫眉冷對，俯首甘為

—— 魯迅 · 近代

▌生平簡介

姓　　名　周樹人。

字　　　　豫才。

出 生 地　浙江紹興。

生 卒 年　公元一八一一至一九三六年。

身　　份　文學家、社會活動家。

主要成就　開啟中國新文化運動的序
　　　　　幕，是中國文化革命的主將。

▌名家推介

　　魯迅（公元 1881-1936），原籍浙江紹興，出身於沒落的封建士大
夫家庭，是中國偉大的文學家和思想家，中國現代文學的奠基人。原
名周樟壽，字豫山，一八九二年進三味書屋改為豫才，一八九八年去
南京求學取學名為周樹人，一九一八年在《新青年》上發表《狂人日
記》用筆名魯迅。

▋名家故事 ─────

　　晚清末年，一般的讀書人走的是三條道路：一條是讀書做官的道路，當不上官的還可以去當某一個官僚的「幕友」（俗稱「師爺」），倘若前兩條道路都走不通，還可以去經商。魯迅走的則是為當時人最看不起的另一條道路進「洋學堂」。這在當時的中國，是被一般人視為「把靈魂賣給洋鬼子」的下賤勾當。一八九八年，十八歲的魯迅，懷揣著慈母多方設法籌借的八塊銀元，離開家鄉進了南京水師學堂，後來又改入南京路礦學堂。這兩所學校都是洋務派為了富國強兵而興辦的，其中開設了數學、物理、化學等傳授自然科學知識的課程。期間，魯迅閱讀了外國文學和社會科學方面的著作，開拓了視野。特別是嚴復翻譯的英國人赫胥黎著的《天演論》，更給魯迅以深刻的影響。

　　一九〇二年，魯迅東渡日本，開始在東京弘文學院補習日語，後來進入仙臺醫學專門學校選擇學醫，魯迅想通過醫學啟發中國人的覺悟。但他的這種夢想並沒有維持多久就被嚴酷的現實粉碎了，後來棄醫從文。在日本留學期間，魯迅初步形成了他的世界觀和人生觀，但是，魯迅的思想不但為當時大多數中國人所無法理解，就是在留日學生中也很難得到廣泛回應。他翻譯的外國小說只能賣出幾十冊，他籌辦的文學雜誌也因缺乏資金而未能出版。家計的艱難使魯迅不得不回國謀職。一九〇九年，他從日本歸國，先後在杭州浙江兩級師範學堂和紹興府中學堂任教員。

　　一九一一年的辛亥革命也曾使他感到一時的振奮，但接著是袁世凱稱帝、張勳復辟等歷史醜劇的不斷上演，辛亥革命並沒有改變中國沉滯落後的現實，社會的混亂、民族的災難、個人婚姻生活的不幸，

都使魯迅感到苦悶、壓抑。五四運動之後，他壓抑已久的思想感情像熔岩一樣通過文學作品猛烈噴發出來。在那時，他已經在教育部任職，並且隨教育部一同遷居北京。

一九一八年五月，魯迅先生在《新青年》雜誌上首次以「魯迅」為筆名發表了文學史上第一篇白話小說《狂人日記》，它奠定了新文化運動，推進了現代文學的發展。這篇小說，大膽揭露了人吃人的封建理念，向沉滯落後的中國社會大聲疾呼：「救救孩子！」

魯迅先生的小說作品數量不多，意義卻十分重大。魯迅把目光集中到社會最底層，描寫這些底層人民的日常生活狀況和精神狀況。人生活在社會的最底層，最需要周圍人的同情和憐憫、關心和愛護，但在缺乏真誠愛心的當時的中國社會中，人們給予他們的卻是侮辱和歧視、冷漠和冷酷，這樣的社會難道是一個正常的社會嗎？這樣的人際關係難道是合理的人際關係嗎？人們生活在無愛的人間，深受生活的折磨，但他們彼此之間也缺乏真誠的同情，對自己同類的悲劇命運採取的是一種冷漠旁觀甚至欣賞的態度，並通過欺侮比自己更弱小的人來宣洩自己受壓迫、受欺侮時鬱積的怨憤之氣。魯迅對他們的態度是「哀其不幸，怒其不爭」。魯迅愛他們，希望他們覺悟，希望他們能夠自立、自主、自強，擁有做人的原則。

在寫作《吶喊》、《彷徨》的同時，魯迅先生還創作了散文集《朝花夕拾》和散文詩集《野草》。魯迅先生晚年還完成了一部小說集《故事新編》，在魯迅的觀念中，真正體現中華民族根本精神的不是那些古聖先賢和帝王將相，而是創造了中華民族的女媧，她是中華民族生命力的源泉和象徵。魯迅的《故事新編》以荒誕的手法表現嚴肅的主題，創立了一種完全新型的歷史小說的寫法。

最充分體現魯迅先生創造精神和創造力的還應該首推他的雜文。

從「五四」起，魯迅就開始用雜文的形式與反對新文化的各種不同的論調進行鬥爭，但那時他還是不自覺的，到了後來，有些人開始嘲笑他是一個「雜文家」，他才更明確地意識到「雜文」的力量，並且開始自覺地從事雜文的創作。魯迅說，雜文是「感應的神經」，它能夠「對於有害的事物，立刻給以反響或抗爭」，從而為新文化、新思想的發展在舊文化、舊思想的荊棘叢莽中開闢出一條蜿蜒曲折的道路，使之能夠存在，能夠發展，能夠壯大。魯迅一生寫了《墳》、《熱風》、《華蓋集》、《華蓋集續編》、《三閒集》、《二心集》、《南腔北調集》、《偽自由書》、《準風月談》、《花邊文學》、《且介亭雜文》、《且介亭雜文二集》等十六部雜文集。在這十六部雜文集中，魯迅把筆觸伸向了各種不同的文化現象，各種不同階層的各種不同的人物，其中有無情的揭露、有憤怒的控訴、有尖銳的批判、有辛辣的諷刺、有機智的幽默、有細緻的分析、有果決的論斷、有激情的抒發、有痛苦的吶喊、有親切的鼓勵、有熱烈的讚頌，筆鋒馳騁縱橫，文采飛揚，形式多樣，變化多端，它自由、大膽地表現現代人的情感和情緒體驗，為中國散文的發展開闢了一條更加寬廣的道路。魯迅雜文在中國現代文學史上的地位是不容抹煞的。

▌專家品析

魯迅是中國文化革命的主將，他不但是偉大的文學家，而且是偉大的思想家和偉大的革命家。魯迅的骨頭是最硬的，他沒有絲毫的奴顏和媚骨，這是殖民地半殖民地人民最寶貴的性格。魯迅是在文化戰線上，代表全民族的大多數，向著敵人衝鋒陷陣的傑出的民族英雄。

魯迅的方向，就是中華民族新文化的方向，就是新生命的方向。

　　魯迅雜文的藝術特點是：第一，善於抓取類型，畫出富有典型意義的形象，使議論和形象相結合。第二，善於運用生動、幽默的語言，展開邏輯嚴密的論證。第三，善於運用聯想，將不同時空發生的現象聯繫起來分析，增強了作品的歷史底蘊和深邃內涵。第四，篇章短小精悍，筆墨凝練犀利，銳利如匕首投槍。

▌代表作品 ────────

　　魯迅寫過一首《自嘲》詩，其中有兩句為「橫眉冷對千夫指，俯首甘為孺子牛」，這是他一生的真實寫照。

　　魯迅一生寫下了八百多萬字的著譯，他的《吶喊》、《彷徨》、《野草》、《朝花夕拾》等許多作品一版再版，被翻譯成英、俄、德、法、日、世界語等多種文字，飲譽全球。《魯迅全集》是他留給中國人民和世界各國人民的一筆寶貴的精神財富。

46 革命文藝，奠基先驅

—— 茅盾·當代

▌生平簡介

姓　　名　沈德鴻。

筆　　名　茅盾

字　　　　雁冰。

出 生 地　浙江嘉興。

生 卒 年　公元一八九六至一九八一年。

身　　份　作家、文學評論家。

主要成就　五四新文化運動先驅者之一，

　　　　　我國革命文藝奠基人之一。

▌名家推介

　　茅盾（公元 1896-1981），原名沈德鴻，字雁冰，筆名茅盾。浙江省桐鄉縣義烏鎮人。中國現代著名作家、文學評論家，文化和社會活動家，五四新文化運動先驅者之一，中國革命文藝奠基人之一。

　　新中國成立後，任文化部部長，主編《人民文學》雜誌，多次當選全國人民代表大會代表、政協全國委員會常務委員和第四屆、第五屆全國委員會副主席。人民文學出版社自一九八三年起陸續出版的四十卷本《茅盾全集》，收錄了他的全部文學著作。

▌名家故事

　　一九二七年大革命失敗後，武漢的汪精衛和南京的蔣介石實行了臭名昭著的寧漢合流，對革命人士大肆屠殺，國內形勢急轉直下，非常險惡。沈雁冰由於參加革命活動，不得不離開武漢，最後到了上海，住在景雲裏。恰好，這時魯迅和葉聖陶也住在這裏，沈雁冰不便出門，又沒有工作，生活上便出現了問題，於是就動手寫起小說來。可有許多的報社都不登他的文章，於是他寫文章的時候內心十分矛盾，所以他在手稿上署的筆名是「矛盾」。後來，他把寫好的小說手稿給葉聖陶看，葉聖陶看後非常高興，就決定在《小說月報》上發表。可葉聖陶認為「矛盾」是個哲學名詞，不像一個人的名字，且「矛」不像是姓氏，並且在當時那樣的環境下使用如此尖銳的筆名不太好，就自作主張在「矛」字上加了一個草字頭，改作「茅盾」。沈雁冰對這一改動也很滿意，以後就一直以此為筆名了。

　　一九二八年六月，他又先後完成《幻滅》、《動搖》、《追求》——《蝕》三部曲的創作。同年七月，他離開上海去日本，先住東京，後遷京都。客居日本期間寫有長篇小說《虹》（未完）和一些短篇小說、散文詩作，以及《神話雜論》、《西洋文學通論》和《北歐神話ABC》、《中國神話研究ABC》等著作。

　　一九三〇年四月，茅盾從日本回到上海，不久加入中國左翼作家聯盟，並一度擔任「左聯」執行書記。從此，茅盾和魯迅在一起，從事革命文藝活動和社會活動。一九三六年二月，當獲悉紅軍長征勝利到達陝北的消息後，魯迅與茅盾發出致中共中央賀電：「在你們身上，寄託著人類和中國的將來。」同年十月，茅盾和許多文藝工作者發表了〈文藝界同人為團結禦侮與言論自由宣言〉，號召建立文藝界

的抗日民族統一戰線。

　　一九四五年，茅盾完成了第一個劇本《清明前後》的創作，並於九月在重慶上演。這一年的六月，進步的文藝界為紀念茅盾創作活動二十五週年，舉行了慶祝會，並發起茅盾文藝獎金徵文。一九四六年三月，抗戰勝利後，茅盾離開重慶，經廣州、香港，五月到達上海，主編《文聯》雜誌，並參加呼籲和平、爭取民主的活動。六月，和上海進步文化界一起呼籲和平，發表〈上書蔣主席馬歇爾及各黨派〉。七月，李公樸、聞一多慘遭國民黨特務殺害後，茅盾等致電國際人權保障會，揭露國民黨罪行。十月，沈鈞儒、茅盾等發表〈我們要求政府切實保障言論自由〉等文章。同年末，茅盾夫婦應蘇聯對外文化協會邀請，離上海赴蘇聯訪問。一九四七年一月起《遊蘇日記》陸續發表。同年四月，從蘇聯歸國到達上海。

　　中華人民共和國成立後，茅盾的著述計有《鼓吹集》、《鼓吹續集》、《夜讀偶記》、《關於歷史和歷史劇》和《茅盾詩詞》。晚年，他經受著病魔的苦痛仍致力於回憶錄的撰寫工作。

　　茅盾的著作，經人民文學出版社及其它出版社印行的計有：《茅盾文集》十卷集，《脫險雜記》、《茅盾論創作》、《茅盾文藝雜論集》、《茅盾文藝評論集》、《茅盾譯文選集》、《世界文學名著雜談》、《神話研究》、回憶錄《我走過的道路》以及長篇《鍛鍊》等。人民文學出版社自一九八三年起陸續出版的四十卷本的《茅盾全集》收錄了他的全部文學著作。

　　一九八一年三月四日，沈雁冰在生命的最後時刻，吐露出心聲，他是李漢俊介紹入黨的，應當是共產黨最早的黨員，因戰爭原因與黨失去了聯繫，盼望死後仍承認他是黨員，同年的八月三十一日，中共中央作出關於恢復他的黨籍的決定，明確指出：「一九二一年沈雁冰

在上海先後參加了共產主義小組和中國共產黨，是中國共產黨的最早
的一批黨員。」這一正確結論，也是對李漢俊革命功勞的肯定。一九
八一年三月二十七日，茅盾病逝於北京。中共中央根據茅盾的請求和
他一生的表現，決定恢復他的中國共產黨黨籍，黨齡從一九二一年算
起。他以自己的積蓄設立文學獎金，後定名為「茅盾文學獎金」，獎
勵優秀的長篇小說創作。

▍專家品析 ────────

　　茅盾是「社會分析派」的典型代表作家，他所開拓的革命現實主
義對於中國新文學的發展有著卓越的貢獻，大多數研究者高度評價以
茅盾為代表的「社會分析派」的優良傳統，反對輕易地否定茅盾在文
學史上的貢獻和地位。

　　茅盾文學獎是根據茅盾先生生前遺願，為鼓勵優秀長篇小說的創
作，推動中國社會主義文學的發展而設立的，是中國具有最高榮譽的
文學獎項之一。「茅盾文學獎」是中國第一次設立的以個人名字命名
的文學獎。茅盾文學獎是著名作家茅盾先生將自己的二十五萬元稿費
捐獻出來設立的，是中國長篇小說的最高文學獎之一。

▍代表作品 ────────

　　茅盾著名作品：《蝕》三部曲包括（《幻滅》、《動搖》、《追求》）、
《子夜》、《農村三部曲》（《春蠶》、《秋收》、《殘冬》）、《林家鋪子》
等。

47 駱駝祥子，四世同堂

—— 老舍 · 當代

生平簡介

姓　　名　舒慶春。

別　　名　老舍。

出 生 地　北京。

生 卒 年　公元一八九九至九六六年。

身　　份　作家。

主要成就　為人民寫作，發表了大量影響後人的文學作品。

名家推介

　　老舍（公元 1899-1966），原名舒慶春，字舍予，中國現代小說家、文學家、戲劇家。老舍的一生，總是在忘我地工作，他是文藝界當之無愧的「勞動模範」，發表了大量影響後人的文學作品，獲得「人民藝術家」的稱號。

　　老舍一生創作了大量的長篇小說、劇本、散文、詩歌。已經出版的《老舍文集》十九卷，總共有一千萬字之多。

▌名家故事 ————

　　一九一八年，老舍畢業於北京師範學校。一九二四年夏，赴英國倫敦大學東方學院任華語教員，並從事文學創作。一九二六年發表了第一部長篇小說《老張的哲學》在《小說月報》上，署名為「舒慶春」。但自第八號起連載上的署名改為「老舍」，直到小說全部載完，這標誌著老舍文學創作道路的開端。老舍就任小學校長的第二年，爆發了五四運動，他確實在一段時期裏，對於青年學生及其活動有些隔膜和誤解。但「五四」時期興起的新的時代潮流，包括文學革命在內，仍然衝擊著他的心靈。本來，軍閥政府基層機構的腐敗，混跡其間的衛道者們的虛偽，在這個剛剛來自社會底層的年輕人的眼中，無處不是破綻和醜態，難以與他們安然相處。當「五四」民主科學、個性解放的呼聲，把他從「兢兢業業地辦小學，恭恭順順地侍奉老母，規規矩矩地結婚生子，如是而已」的人生信條中驚醒，他作出了新的抉擇。

　　一九二二年九月，老舍辭去所有職務，到以開明新派著稱的天津南開學校中學部任國文教員，在那裏寫下了第一篇新文學習作〈小鈴兒〉。在這以前，還堅決退掉母親包辦的婚約。次年回到北京，擔任顧孟餘主持的北京教育會的文書，同時在第一中學兼課，業餘時間到燕京大學旁聽英文，一度還信仰過基督教。雖然道路不無曲折，但「五四」推動他進一步掙脫了封建的、世俗的羈絆，去尋求一種比他已經得到的更有意義的生活。

　　一九二九年，老舍在新加坡寫了中篇小說《小坡的生日》，這是一部兒童文學作品，描寫了生活在新加坡的華僑少年與各被壓迫民族的小夥伴一起，反對強權奴役的故事，體現了團結奮鬥、強國救民的

思想境界。一九三〇年至一九三六年，老舍先後在山東濟南齊魯大學和青島山東大學任教，此間，他看到第一次國內革命戰爭失敗後日本帝國主義的肆意侵略和國民黨反動派的賣國行徑，創作了長篇小說《大明湖》，為濟南人民以及所有蒙受侵略之苦的祖國人民抒發憤慨，在這部小說裏，他第一次描寫了共產黨人的形象。此後四年，他先後創作了長篇小說《貓城記》、《離婚》、《牛天賜傳》等，還出版了包括《黑白李》、《微神》等十五部短篇小說在內的短篇小說集《趕集》以及幽默詩文集《老舍幽默詩文集》。一九三六年老舍辭職，從事專業寫作，在青島生活的這段時期，是他一生中創作的旺盛期之一，他先後編了兩個短篇集《櫻海集》、《蛤藻集》，收入中短篇小說十七篇，創作了《選民》、《我這一輩子》、《老牛破車》和中國現代文學史上的長篇傑作《駱駝祥子》。《駱駝祥子》是以北平一個人力車夫祥子的行蹤為線索，向人們展示軍閥混戰、黑暗統治下的北京底層貧苦市民生活於痛苦深淵中的圖景。從祥子力圖通過個人奮鬥擺脫悲慘生活命運，最後失敗以至於墜落的故事，告誡人們，城市貧農要翻身做主人，單靠個人奮鬥是不行的。

　　一九三七年，「七七」盧溝橋事變爆發，老舍告別妻子，隻身前往武漢，投入到文藝界的抗日洪流之中。在一九三八年成立的「中華全國文藝界抗敵協會」中，老舍擔任總務部主任。之後，又轉到重慶，「文協」在艱難困苦中頑強堅持七年時間，直到抗日戰爭取得徹底勝利。老舍以滿腔熱情和耐心細緻的工作，團結各個方面的文藝家，共同致力於推動抗戰的文藝活動，並以筆為武器，進行多種文藝形式的創作。長詩〈劍北篇〉用大鼓體寫成，《王家鎮》、《忠烈圖》用京劇形式寫成，《殘霧》、《歸去來兮》、《面子問題》用話劇形式寫成。他先後出版了短篇集《火車集》、《貧血集》，長篇小說《火

葬》，完成了長篇巨著《四世同堂》的前兩部《偷生》和《惶惑》，同時，還撰寫了大量雜文、散文、詩歌。一九四九年十月，老舍創作話劇《方珍珠》。一九五一年，又創作了歌頌人民政府為普通市民辦實事的《龍鬚溝》，該劇上演後，老舍獲得了北京市政府授予的「人民藝術家」榮譽稱號。之後，他還創作了歌劇《消滅細菌》、《大家評理》，話劇《生日》、《春華秋實》等。

　　新中國成立後，老舍政治熱情十分高漲，他先後擔任中國民間文藝研究會副理事長，北京市文聯主席，華北行政委員會委員，全國文聯主席團成員，中國作家協會副主席，北京市第一、第二屆人大代表，全國人民代表大會第一、第二、第三屆主席團成員，全國政協三屆會議常務委員等職。自一九五〇年至一九五五年，老舍創作了大量的話劇、京劇、兒童劇。其中話劇《茶館》把老舍的話劇藝術推向了高峰，成為我國戲劇藝術殿堂的一顆璀璨明珠。一九六一年至一九六二年，老舍創作自傳體小說《正紅旗下》，遺憾的是未完成，就被迫停筆。一九六六年，他含冤自沉於北京太平湖，享年六十七歲。

▌專家品析

　　老舍先生稱自己為「寫家」，不說「作家」，還稱自己為「文生」。實際上，這是他的一種人生觀。縱觀他的一生，不論是辦教育，還是當作家，都圍繞著一個大問題——怎樣做人。

　　老舍一生創作了大量的小說、劇本、散文、詩歌（新式之外包括歌詞、古詞和舊體詩等），幾乎什麼形式都涉及了。可以說，老舍的作品的確稱得上是「經典」：它的一以當百、一以當千的無可爭辯的

分量，確立了他在歷史上有不可或缺的地位，他是東方所謂說不完的莎士比亞，具有永恆的人格魅力。他的短文、散文《養花》、《貓》、《濟南的冬天》、《茶館》、《草原》、《想北平》和《我的母親》相繼被收錄在中小學生課本裏。

▌代表作品

老舍是新中國第一位獲得「人民藝術家」稱號的作家。老舍的作品很多，代表作有《駱駝祥子》、《趙子曰》、《老張的哲學》、《四世同堂》、《正紅旗下》，劇本《殘霧》、《方珍珠》、《面子問題》、《龍鬚溝》、《春華秋實》、《青年突擊隊》、《戲劇集》、《柳樹井》、《女店員》、《全家福》、《茶館》，報告文學《無名高地有了名》，中篇小說《月牙兒》、《我這一輩子》、《出口成章》，短篇小說集《趕集》、《櫻海集》、《蛤藻集》、《火車集》、《貧血集》及作品集《老舍文集》十六卷。

48 文化領袖，蜚聲海內

—— 郭沫若・當代

生平簡介

姓　　名　郭沫若。

別　　名　郭開貞。

出 生 地　四川省樂山市觀娥鄉沙灣鎮。

生 卒 年　公元一八九二至一九七八年。

身　　份　作家、詩人、革命家、社會
　　　　　活動家。

主要成就　新體詩的奠基人，是繼魯迅
　　　　　之後中國文化界公認的領袖。

名家推介

郭沫若（公元 1892-1978），四川省樂山市觀娥鄉沙灣鎮人。原名
郭開貞，字鼎堂，乳名文豹，號尚武。筆名沫若。

他是中國共產黨的優秀黨員，一生致力於世界和平運動，是中國
現代著名的無產階級文學家、詩人、劇作家、學者和著名的革命家、
社會活動家，蜚聲海內外。他是中國新體詩的奠基人，是繼魯迅之後
中國文化界公認的領袖。

中華人民共和國成立後，他當選為中華全國文學藝術界聯合會主

席，曾任中國科學院院長、全國人民代表大會常務委員會副委員長等
職，主編《中國史稿》和《甲骨文合集》，全部作品《郭沫若全集》
共三十八卷。他的許多作品已被譯成日、俄、英、德、意、法等多種
文字。

▌名家故事 ────────

　　郭沫若生於四川省樂山沙灣一個中等地主兼商人的家庭。幼年入
私塾讀書，一九〇六年入嘉定高等學堂學習，開始接受民主思想並受
到影響。一九一四年到日本留學，接觸了泰戈爾、歌德、莎士比亞、
惠特曼等外國作家的作品。一九一八年他的第一篇小說《牧羊哀話》
問世，一九一八年他最早的新詩〈死的誘惑〉誕生。一九一九年五四
運動爆發，他在日本福岡發起組織救國團體社，投身於新文化運動，
寫出了〈鳳凰涅槃〉、〈地球，我的母親〉、〈爐中煤〉等著名詩篇。
一九二一年六月，郭沫若與成仿吾、郁達夫等組織「創造社」，積極
從事新文學運動。這一時期的代表作品、詩集《女神》擺脫了中國傳
統詩歌的束縛，充分反映了「五四」時代精神，在中國文學史上開拓
了新一代詩風，是當代最優秀的革命浪漫主義詩作。後來他與郁達夫
等人編輯創造社刊物《創造季刊》。

　　一九二三年，郭沫若開始系統學習馬克思主義理論，提倡無產階
級文學。一九二四年至一九二七年間，他創作了歷史劇《王昭君》、
《聶瑩》、《卓文君》等。一九三〇年加入中國左翼作家聯盟，參加
「左聯」東京支部活動。一九三八年任中華全國文藝界抗敵協會理
事。這一時期創作了以《屈原》為代表的六部歷史劇。他還寫了〈十

批判書〉、〈青銅時代〉等史論和大量雜文、隨筆、詩歌等。

一九二六年，北伐戰爭如火如荼，郭沫若就任國民革命軍政治部副主任。一九二七年蔣介石清黨後，他參加了中國共產黨領導的南昌起義。一九二八年二月因被國民黨政府通緝，流亡日本，埋頭研究中國古代社會，著有《中國古代社會研究》、《甲骨文字研究》等重要學術著作。一九三七年抗日戰爭爆發後回國，國共合作期間，任軍事委員會政治部第三廳廳長，後改任文化工作委員會主任，團結進步文化人士從事抗日救亡運動。一九四六年後，他站在民主運動前列，成為國民黨統治區文化界的革命旗幟。

新中國成立後，郭沫若曾任中央人民政府委員，國務院副總理兼文化教育委員會主任、中國科學院院長、中國科技大學校長、中國科學院哲學社會科學部主任，全國文聯第一、第二、第三屆主席，並任中國共產黨第九、第十、第十一屆中央委員、第一至第五屆全國人大常務委員會副委員長，全國政協委員、常務委員、副主席等職。

他一生主要精力從事政治社會活動和文化的組織領導工作，以及世界和平、對外友好與交流等事業。同時進行大量的文藝創作，著有歷史劇《蔡文姬》、《武則天》，詩集《新華頌》、《百花齊放》、《駱駝集》，文藝論著《讀〈隨園詩話〉札記》，《李白與杜甫》等，主編《中國史稿》和《甲骨文合集》。郭沫若一生寫下了詩歌、散文、小說、歷史劇、傳記文學、評論等大量著作，另有許多史論、考古論文和譯著，對中國的科學文化事業做出了多方面的重大貢獻。一九八二年起陸續出版發行《郭沫若全集》。

郭沫若是中國科學技術大學的主要創建者之一。一九五八年五月，為了實現科學技術的現代化，加速培養國防建設和尖端科學技術方面急需的專門人才，當時任中國科學院院長的郭沫若聯合部分著名

科學家，向黨中央提出由中國科學院創辦一所新型大學的建議。此建議得到黨和國家領導人劉少奇、周恩來、鄧小平、聶榮臻等人的支持，並獲得了中央書記處會議的批准。同年九月，中國科學技術大學在北京正式成立，國務院任命郭沫若兼任校長。此後，郭沫若擔任中國科學技術大學校長長達二十年，顯示出淵博的知識和深邃的教育思想。在他的領導下，科學院貫徹「全院辦校，所繫結合」的辦校方針，實施科研與教育一體化政策，充分發揮科學院各研究所師資力量雄厚、科研設備優良的優勢，全力支持科大建設。一九八八年，在中國科大建校三十週年之際，在東區校園樹立了郭沫若銅像。

▋專家品析 ────────

郭沫若在中國現代文學史上和中國歷史學、考古學等領域享有崇高的地位。他是繼魯迅之後，中國文化戰線上又一面光輝的旗幟。著作結集為《沫若文集》十七卷本，新編《郭沫若全集》分文學（二十卷）、歷史、考古三編，一九八二年起陸續出版發行。許多作品已被譯成日、俄、英、德、意、法等多種文字。

▋代表作品 ────────

《女神》是郭沫若一九一九年至一九二一年之間的主要詩作，連同序詩共五十七篇，多為詩人留學日本時所作。其中代表詩篇有〈鳳凰涅槃〉、〈女神之再生〉、〈爐中煤〉、〈日出〉、〈筆立山頭展望〉、〈地球，我的母親！〉、〈天狗〉、〈晨安〉、〈立在地球邊上放號〉等。在

詩歌形式上，突破了舊格套的束縛，創造了雄渾奔放的自由詩體，為「五四」以後自由詩的發展開拓了新天地。

參考文獻

張繼定：《中國古代文學家概述與名篇導讀》（上海市：上海文藝出版社，2002年）

唐應光：《中國古代文學家故事》（上海市：少年兒童出版社，1983年）

韓文：《中國古代文學家》（延吉市：延邊大學出版社，2004年）

王先華：《中國文學家》（北京市：中國城市出版社，2009年）

呂慧鵑：《中國歷史著名文學家評傳》（濟南市：山東教育出版社，2009年）

昌明文庫・悅讀人物　A0603005

中華五千年文學家評傳

主　　編	姜春穎
責任編輯	蔡雅如
發 行 人	陳滿銘
總 經 理	梁錦興
總 編 輯	陳滿銘
副總編輯	張晏瑞
編 輯 所	萬卷樓圖書股份有限公司
排　　版	菩薩蠻數位文化有限公司
印　　刷	百通科技股份有限公司
封面設計	曾詠霓

出　　版　昌明文化有限公司

桃園市龜山區中原街 32 號

電話　(02)23216565

發　　行　萬卷樓圖書股份有限公司

臺北市羅斯福路二段 41 號 6 樓之 3

電話　(02)23216565

傳真　(02)23218698

電郵　SERVICE@WANJUAN.COM.TW

大陸經銷

廈門外圖臺灣書店有限公司

　　電郵　JKB188@188.COM

ISBN 978-986-93170-8-5

2016 年 8 月初版

定價：新臺幣 380 元

如何購買本書：

1. 劃撥購書，請透過以下郵政劃撥帳號：

　　帳號：15624015

　　戶名：萬卷樓圖書股份有限公司

2. 轉帳購書，請透過以下帳戶

　　合作金庫銀行　古亭分行

　　戶名：萬卷樓圖書股份有限公司

　　帳號：0877717092596

3. 網路購書，請透過萬卷樓網站

　　網址　WWW.WANJUAN.COM.TW

大量購書，請直接聯繫我們，將有專人為您

服務。客服：(02)23216565　分機 10

如有缺頁、破損或裝訂錯誤，請寄回更換

版權所有・翻印必究

Copyright©2016 by WanJuanLou Books CO., Ltd.

All Right Reserved　　　　　**Printed in Taiwan**

國家圖書館出版品預行編目資料

中華五千年文學家評傳 / 姜春穎主編.-- 初
版.-- 桃園市：昌明文化出版；臺北市：萬
卷樓發行, 2016.08

　　面；　　公分. .-- (昌明文庫.悅讀人物)

ISBN 978-986-93170-8-5(平裝)

1.作家　2.傳記　3.中國文學

782.24　　　　　　　　　　105015418